U0508891

近代政治史系列

青年运动史话

A Brief History of
Youth Movement in China

郭贵儒 / 著

社会科学文献出版社
SOCIAL SCIENCES ACADEMIC PRESS (CHINA)

图书在版编目（CIP）数据

青年运动史话/郭贵儒著. —北京：社会科学文献
出版社，2011.8
（中国史话）
ISBN 978 - 7 - 5097 - 2523 - 8

Ⅰ.①青… Ⅱ.①郭… Ⅲ.①中国青年运动 - 史
料 Ⅳ.①D432.9

中国版本图书馆 CIP 数据核字（2011）第 131395 号

"十二五"国家重点出版规划项目

中国史话·近代政治史系列

青年运动史话

著　　者／郭贵儒

出 版 人／谢寿光
总 编 辑／邹东涛
出 版 者／社会科学文献出版社
地　　址／北京市西城区北三环中路甲 29 号院 3 号楼华龙大厦
邮政编码／100029

责任部门／人文科学图书事业部　（010）59367215
电子信箱／renwen@ssap.cn
责任编辑／孔　军　宋荣欣
责任校对／陈旭泽
责任印制／岳　阳
总 经 销／社会科学文献出版社发行部
　　　　　（010）59367081　59367089
读者服务／读者服务中心（010）59367028

印　　装／北京画中画印刷有限公司
开　　本／889mm×1194mm　1/32　印张／5.25
版　　次／2011 年 8 月第 1 版　　字数／95 千字
印　　次／2011 年 8 月第 1 次印刷
书　　号／ISBN 978 - 7 - 5097 - 2523 - 8
定　　价／15.00 元

总　序

　　中国是一个有着悠久文化历史的古老国度，从传说中的三皇五帝到中华人民共和国的建立，生活在这片土地上的人们从来都没有停止过探寻、创造的脚步。长沙马王堆出土的轻若烟雾、薄如蝉翼的素纱衣向世人昭示着古人在丝绸纺织、制作方面所达到的高度；敦煌莫高窟近五百个洞窟中的两千多尊彩塑雕像和大量的彩绘壁画又向世人显示了古人在雕塑和绘画方面所取得的成绩；还有青铜器、唐三彩、园林建筑、宫殿建筑，以及书法、诗歌、茶道、中医等物质与非物质文化遗产，它们无不向世人展示了中华五千年文化的灿烂与辉煌，展示了中国这一古老国度的魅力与绚烂。这是一份宝贵的遗产，值得我们每一位炎黄子孙珍视。

　　历史不会永远眷顾任何一个民族或一个国家，当世界进入近代之时，曾经一千多年雄踞世界发展高峰的古老中国，从巅峰跌落。1840年鸦片战争的炮声打破了清帝国"天朝上国"的迷梦，从此中国沦为被列强宰割的羔羊。一个个不平等条约的签订，不仅使中国大量的白银外流，更使中国的领土一步步被列强侵占，国库亏空，民不聊生。东方古国曾经拥有的辉煌，也随着西方列强坚船利炮的轰击而烟消云散，中国一步步堕入了半殖民地的深渊。不甘屈服的中国人民也由此开始了救国救民、富国图强的抗争之路。从洋务运动到维新变法，从太平天国到辛亥革命，从五四运动到中国共产党领导的新民主主义革命，中国人民屡败屡战，终于认识到了"只有社会主义才能救中国，只有社会主义才能发展中国"这一道理。中国共产党领导中国人民推倒三座大山，建立了新中国，从此饱受屈辱与蹂躏的中国人民站起来了。古老的中国焕发出新的生机与活力，摆脱了任人宰割与欺侮的历史，屹立于世界民族之林。每一位中华儿女应当了解中华民族数千年的文明史，也应当牢记鸦片战争以来一百多年民族屈辱的历史。

当我们步入全球化大潮的 21 世纪，信息技术革命迅猛发展，地区之间的交流壁垒被互联网之类的新兴交流工具所打破，世界的多元性展示在世人面前。世界上任何一个区域都不可避免地存在着两种以上文化的交汇与碰撞，但不可否认的是，近些年来，随着市场经济的大潮，西方文化扑面而来，有些人唯西方为时尚，把民族的传统丢在一边。大批年轻人甚至比西方人还热衷于圣诞节、情人节与洋快餐，对我国各民族的重大节日以及中国历史的基本知识却茫然无知，这是中华民族实现复兴大业中的重大忧患。

中国之所以为中国，中华民族之所以历数千年而不分离，根基就在于五千年来一脉相传的中华文明。如果丢弃了千百年来一脉相承的文化，任凭外来文化随意浸染，很难设想13亿中国人到哪里去寻找民族向心力和凝聚力。在推进社会主义现代化、实现民族复兴的伟大事业中，大力弘扬优秀的中华民族文化和民族精神，弘扬中华文化的爱国主义传统和民族自尊意识，在建设中国特色社会主义的进程中，构建具有中国特色的文化价值体系，光大中华民族的优秀传统文化是一件任重而道远的事业。

当前，我国进入了经济体制深刻变革、社会结构深刻变动、利益格局深刻调整、思想观念深刻变化的新的历史时期。面对新的历史任务和来自各方的新挑战，全党和全国人民都需要学习和把握社会主义核心价值体系，进一步形成全社会共同的理想信念和道德规范，打牢全党全国各族人民团结奋斗的思想道德基础，形成全民族奋发向上的精神力量，这是我们建设社会主义和谐社会的思想保证。中国社会科学院作为国家社会科学研究的机构，有责任为此作出贡献。我们在编写出版《中华文明史话》与《百年中国史话》的基础上，组织院内外各研究领域的专家，融合近年来的最新研究，编辑出版大型历史知识系列丛书——《中国史话》，其目的就在于为广大人民群众尤其是青少年提供一套较为完整、准确地介绍中国历史和传统文化的普及类系列丛书，从而使生活在信息时代的人们尤其是青少年能够了解自己祖先的历史，在东西南北文化的交流中由知己到知彼，善于取人之长补己之短，在中国与世界各国愈来愈深的文化交融中，保持自己的本色与特色，将中华民族自强不息、厚德载物的精神永远发扬下去。

《中国史话》系列丛书首批计 200 种，每种 10 万字左右，主要从政治、经济、文化、军事、哲学、艺术、科技、饮食、服饰、交通、建筑等各个方面介绍了从古至今数千年来中华文明发展和变迁的历史。这些历史不仅展现了中华五千年文化的辉煌，展现了先民的智慧与创造精神，而且展现了中国人民的不屈与抗争精神。我们衷心地希望这套普及历史知识的丛书对广大人民群众进一步了解中华民族的优秀文化传统，增强民族自尊心和自豪感发挥应有的作用，鼓舞广大人民群众特别是新一代的劳动者和建设者在建设中国特色社会主义的道路上不断阔步前进，为我们祖国美好的未来贡献更大的力量。

陈奎元

2011 年 4 月

⊙郭贵儒

作者小传

　　郭贵儒，1948 年生，河北抚宁人。1982 年毕业于河北师范学院历史系。现任河北师范大学历史文化学院教授，博士生导师。兼任河北省中共党史学会常务理事、晋察冀抗日斗争史学会副会长等职。主要从事中华民国史、中共党史教学与研究。在《中共党史研究》、《民国档案》等学术期刊上发表学术论文 40 余篇，撰著和主编学术著作 10 余部。不少成果获得学术界好评，多次荣获省部级社会科学优秀成果奖。

目 录

目
录

一　留学生东瀛试锋芒

 浮槎东渡起雄心

　　东亚风云大陆沉，浮槎东渡起雄心。为求富
国强兵策，强忍抛妻别子情。

　　老一辈革命家吴玉章当年所写的这首诗，生动地
反映了 20 世纪初前后，中国有志青年为探求富国强兵
之路，挽救祖国危亡而东渡日本求学的壮志雄心。

　　两次鸦片战争的惨败，使清朝统治者领教了洋枪
洋炮的厉害。曾国藩、李鸿章、张之洞等人为了"师
夷长技"，遂发起了洋务运动。他们除了兴办近代军事
工业、民用工业以外，还创办了一些洋式学堂，招收
学生学习外国语和近代自然科学技术。此外，他们还
建议清政府选派留学生直接到外国学习。1872 年，曾
国藩、李鸿章向清政府递送了《选派幼童赴美肄业办
理章程》奏折，得到批准。

　　但由于各种原因，在此后的近 30 年间，仅有 200
多人被选送到美、英、法等国留学。这 200 多留学生，

连洋务派官僚都感到"不足使用"。

中国青年出国留学形成热潮，是 20 世纪初年的事情。留学的国度也由以欧美为主转向以日本为主。一时间，"留日"成为许多知识青年追求的目标。据统计，1901 年中国留日学生仅为 280 人，1903 年猛增至 1300 多人，到 1906 年已有 8000 人之多。当年日本早稻田大学教授青柳笃恒曾生动地描述了这一留日盛况：

> 学子互相约集，一声"向右转"，齐步辞别国内学堂，买舟东去，不远千里，北自天津，南自上海，如潮涌来。每遇赴日便船，必制先机抢搭，船船满座。……务求早日抵达东京，此乃热中留学之实情也。

不仅东南沿海的学子们"航东负笈，络绎不绝"，四川、贵州、云南等边远省份，也有许多人负笈东渡，到日本留学。有人回忆说，当时中国学生游学日本者，"其多如鲫"，"相望于道"。此种盛况，为"任何留学国所未有"。

这个时期之所以出现如此声势浩大的留日热潮，除了路途近、费用省、文字相近等原因外，更主要的是广大中国知识青年有着向日本学习，以挽救民族危亡、振兴中华的强烈愿望。

19 世纪末 20 世纪初，中国正处在一个苦难和动乱的年代。资本主义列强侵略中国屡次得逞及随之而来的瓜分中国的狂潮，使中国人民深受刺激，尤其促进了青年知识分子的反思和觉醒。为什么蕞尔小国日本能打败泱泱大国中国呢？他们认为，主要是因为日本经过20多年的维新，学习西方卓有成效，所以很快崛起，成为亚洲的强国。因此很多青年都向往到日本留学，直接了解日本改革的经验，以便效法日本，为自己的祖国找到一条救亡图存的新路。正如时人所说："日本学习欧美，故其强同于欧美。吾若学习欧美如日本，则其强亦必如日本然。……庚子以后，各省留学于东京者骤增数倍，其不本此意以为宗旨者，恐百无一人也。"

吴玉章在东渡日本途中曾赋诗说："莫谓东方皆落后，亚洲崛起有黄人。"这种对日本崛起的由衷钦叹，反映了当时许多中国青年的共同心态。后来毛泽东在总结这段历史时也说过："要救国，只有维新，只有学外国。那时的外国只有西方资本主义国家是进步的，它们成功地建设了资产阶级的现代国家。日本人向西方学习有成效，中国人也想向日本学。"

 ## 留日青年学生的爱国运动

中国留学生到日本后，以极大的求知欲发愤读书，广求新知。他们不但努力学习近代科学知识，而且力求从哲学社会科学的研究中探索救国救民的真理。

通过接触新知识新思想，了解日本社会，使留学生的眼界大开，爱国主义和民主革命思想逐渐滋长。

中国留学生在日本所受到的歧视和冷遇，进一步激发了他们的民族感情。

甲午战争特别是日俄战争以后，一些日本人轻蔑中国人的观念愈加严重。一些日本学生认为中国是弱国，"所以中国人当然是低能儿，分数在 60 分以上，便不是自己的能力了"。甚至一些房东、店员、车夫也时常嘲弄中国学生，连一些日本小孩也敢辱骂留着长辫子的中国留学生是"豚尾奴"（拖着猪尾巴的下等人）。中国留学生在生活中所受到的各种冷遇，实已处于"是可忍，孰不可忍"的境况中。日本的民族歧视，使他们"怆民族之不保，痛神州之陆沉"，对腐败无能的清政府的不满情绪日益加剧，在异国他乡掀起了一次又一次爱国斗争热潮。

1902 年 4 月，章太炎、秦力山、冯自由等发起组织了"支那亡国 242 周年纪念会"。章太炎起草的《大会宣言书》，以慷慨激昂的词句号召进行革命排满斗争。

会议原定 4 月 26 日在东京上野公园召开，报名参加的留日学生达数百人。但由于清朝驻日公使的破坏，会议没能按期举行。

4 月 27 日，在孙中山提议下，会议转移到横滨永乐楼。大会宣言广为散发，并登载在香港《中国日报》上，在日本和香港、澳门等地造成很大影响。爱国志士和留学生闻之无不感奋。

通过这一事件，一些思想激进的留学生与孙中山为首的革命派的联系更为密切了。

同年七八月间，又发生了成城学校入学事件。

当时，中国自费留学生钮瑗等 9 人，准备入成城学校学习军事。但按校方规定，中国自费学生需有清朝驻日公使的保证才准入学。而清朝公使蔡钧却以"防范革命排满"为辞，拒绝在 9 名学生的入学证件上盖章。留学生集体闯入公使馆诘问，蔡钧不仅拒不接见，而且还报请日本警方将为首学生吴稚晖、孙揆均拘捕。

消息传开，中国留日学生群情激愤，纷纷举行集会，声讨蔡钧"辱士辱国"。《新民丛报》等报刊也揭露了蔡钧等勾结日本当局迫害学生的罪行。

在学生的坚决斗争和舆论的压力下，清政府被迫派出专使赴日安抚学生，钮瑗等 9 名学生也于翌年 1 月获得保证，正式进入成城学校。这场直接针对清朝统治者的斗争以学生的胜利而告结束。

在斗争中，留日学生深感有组织起来的必要，于是在当年冬，以早稻田大学的留学生为主，发起成立了青年会。该会会章明确揭示："以民族主义为宗旨，以破坏主义为目的"，矛头直指清朝统治者。接着，留学生各省同乡会也纷纷成立。

青年会等组织的出现，为留学生运动的高涨在组织上准备了条件。

随着留日学生人数的增加和组织的加强，留日学生运动开始走向高潮，其中影响最大的有 1903 年的拒俄风潮和 1905 年的反对《取缔规则》运动。

1900 年，沙俄趁八国联军侵华之机，派十几万军队侵占了中国东北的主要地区。俄军烧杀淫掠，对中国人民犯下滔天罪行。

1902 年 4 月，沙俄政府与清政府签订中俄《东三省交收条约》，规定俄军在 18 个月内撤完。但到翌年春，沙俄不仅拒绝按约撤军，而且向清政府提出独霸中国东北的七项无理要求。

消息传到东京，立即在中国留学生中引起极大震动。1903 年 4 月 29 日，500 多名留学生在东京锦辉馆集会，声讨沙俄侵略中国东北的罪行。会上群情激昂，一致议决成立"拒俄义勇队"，赴东北前线拒敌；另设本部，在后方筹措军事。两天内，就有黄兴等 130 多人签名参加义勇队，陈天华等 50 多人参加本部，各省留学生也纷纷召开同乡会，讨论拒俄问题。

留学生们表示拼死保卫祖国，涌现出许多慷慨悲壮的动人事迹。

年仅 14 岁的福建学生方声煊，得知沙俄强占东北的消息后，义愤填膺，坚决要求参加义勇队。同学们以其年幼加以劝阻，方声煊流着热泪说："我为祖国而死，死得其所。"遂奋起签名，在座者无不为之动容流涕。

浙江学生潘国燊，年龄也仅 17 岁，又瘦又矮，也一定要报名参加义勇队。许多同学劝他改到本部担任国内工作。潘国燊大哭道："国亡无日，欲求死所且不可得。我得从军以死于北边，其为吾乡人荣，不更大乎！"

留日女学生也不甘落后，纷纷要求报名从军。日本帝国妇人协会会长试图阻止，女学生们哭着说："吾辈且无国,安得有身,更安得有学?"遂决议从军北征,担任军中看护等工作。

5月2日,留日学生又召开大会,决定把"拒俄义勇队"改为"学生军",并制定了规约和军纪,请士官学校学生蓝天蔚为队长,教练军事,随时准备效命疆场,杀俄国鬼子。

清政府驻日官员对留学生的拒俄活动极为恐慌,指摘其"名为拒俄,实为革命",并勾结日本当局下令解散学生军。

严酷的现实使留学生逐步认清了清政府媚外虐民的真面目,促使他们中的许多人抛弃了对清政府的幻想,发出了"革命岂可免乎?"的呼号。他们把学生军改称为"军国民教育会",继续进行革命活动,革命排满的斗争意识进一步加强。正如参加过拒俄运动的吴玉章回忆说:"我虽然不是很自觉地参加了这一运动,但这一运动却在我的生活中掀起了巨大波澜,把我推入革命的洪流","改良主义思想在我头脑中就逐渐丧失了地位"。

与此同时,国内上海、北京、武昌、江西等地的爱国人士和青年学生也纷纷集会,谴责沙俄的侵略罪行,斥责清政府"内失国权,外招大衅"的卖国外交。一些学生还效法留日学生组织了"抗俄铁血会"、"东北义勇队"等组织,准备赴东北参加武装抗俄斗争。

以青年学生为主体的拒俄运动的开展,充分表现了中国人民不甘忍受外来侵略的爱国主义精神,显示了中国先进青年的新觉醒。他们中的许多人经过这场

7

斗争的洗礼，在政治思想上有了一个新的飞跃，开始由一般的爱国救亡、要求改良而转向反清革命。

拒俄运动结束一年多后，中国留日学生又掀起一场反对《取缔规则》的大风潮。

1905年11月，日本文部省颁布了《关于准许清国人入学之公私立学校之规程》（留学生简称其为《取缔规则》）。该规则表面上是为加强对招收中国留日学生的日本学校的监督管理，实际上包含接受清政府的要求取缔留日学生活动的意图。由于中国留日学生的反清革命倾向越来越鲜明，已成为反清革命的主要力量，清政府因此要求日本当局对中国留学生严加管束，以扼制中国留学生的革命活动。

日本当局颁布的这项规则，其中有些条款可作为拒收和惩罚有革命行为的学生的借口，因此规则一公布，立即引起中国留学生的一片抗议声。他们"既深恶祖国专制"，又痛恨"异国专制压迫"。

12月4日晚，各校留学生代表赴公使馆请愿，未获结果。第二天，东京中国留学生300多人集会，抗议日本当局的无理举措。会议发表了《东京留学生对文部省取缔规则之驳议》的声明，从法理的角度逐条驳斥了《取缔规则》。会议一致议决各校留学生集体罢课。

12月6日，东京各校留学生一齐罢课。随后，在京都等地的中国留学生也相继罢课。反对《取缔规则》运动迅速发展为全体留日学生运动，参加罢课斗争的中国留学生达8000人以上。

在中国留学生的坚决斗争和舆论的压力下，日本政府被迫让步，宣布暂缓执行这一规则。各校当局也劝说中国留学生返校复课，清政府也派出特使到日本调停，留在日本的中国留学生于翌年1月中旬相继复课。

反对《取缔规则》运动是中国留日学生开展的第一次大规模的反日斗争。通过这一斗争的锻炼，使许多留学生放弃了对日本的幻想，对日本帝国主义恃强凌弱的本质逐步有所认识，增强了他们的民族主义情感，从而为以后的反日斗争埋下了种子。

吴玉章后来回忆说，经过反对《取缔规则》的斗争，"我对日本帝国主义的仇恨随着它对中国侵略的加强而与日俱增。为打倒日本帝国主义，争取中华民族的生存而进行的斗争，在我以后的生活史中占着极其重要的地位"。

一些日本学者也认为，通过这次斗争，许多中国留学生对逐渐走上帝国主义道路的日本"提高了警戒，并试图与之对抗。而且也果敢地同急于勾结日本帝国主义以图自保的西太后政府决战。这是留日学生反帝反封建的萌芽"。

二 在辛亥革命的风暴中

 《革命军》的号角

革命，总要先造成舆论。每一场革命的爆发莫不以舆论为先导。中国具有完整意义的资产阶级革命——辛亥革命，也是如此。

中国近代学生群中接受资产阶级民主思想最早，反封建意识最强的一部分——留学生，在革命宣传中发挥了极为重要的作用，有力地促进了中华民族的觉醒和中国民主革命的进程。

在制造革命舆论方面，以留日学生的宣传效果最为卓著。

20 世纪初年，留日学生所办的报刊如雨后春笋般不断涌现。1901 年，在孙中山的资助下，留日学生秦力山在东京创办《国民报》月刊，"大倡革命仇满之说，措辞激烈，开留学革命新闻之先河"。此后，各省留日学生相继创办宣传新思想的刊物。如湖南留学生杨笃生、黄兴创办的《游学译编》，湖北留学生李书城等创办的《湖北学生界》，直隶（河北）留学生杜羲等创办的《直说》，云南留学生李根源等创办的《云南》，浙江留学生孙翼中等创办的《浙江潮》等等。

据不完全统计，从 1901 年到 1911 年，中国留日学生在日本所创办的刊物，达七八十种之多。

这些刊物所宣传的思想虽然还比较复杂，但有一个显著的特点，就是从深厚的爱国主义情感出发，报道和分析世界大势，指陈清政府的反动腐朽和祖国所面临的严重危机，呼吁有志青年奋起抗争，担当起挽救祖国危亡的重任。

当时许多刊物都以大量篇幅揭露帝国主义侵略中国的罪行，报道留学生和国内群众开展的反帝爱国斗争，号召人民对帝国主义的侵略要"以死抗之"。许多刊物还把斗争矛头直指腐朽卖国的清政府，指出清政府已成为"外人之傀儡"，中国国民应该"与满清政府宣战"，推翻封建君主专制，建立自由独立的民主国家。这些刊物思想激进，观点鲜明，笔锋犀利，深受广大知识青年的欢迎，对促进中国青年的觉醒起了很大作用。

随着留日学生运动的发展和资产阶级民主革命思想的传播，涌现出一批民主革命思想的青年宣传家，邹容、陈天华等是其中杰出的代表。

邹容，字威丹，四川巴县人。1902 年春，邹容东渡日本，进入东京同文书院学习。留学期间，他通过广泛涉猎西方资产阶级革命理论，又目睹清政府的腐败，民主革命意识不断增长。他积极参加留学生的爱国运动，并以经常发表言辞犀利悲壮的演说而崭露头角。

1903 年 4 月，邹容因痛殴清政府驻日学生监督姚文甫而被迫回国。回国后，他在积极参加拒俄运动的同时，以奔放豪迈的激情挥笔写就《革命军》一书。该书篇末以"革命军中马前卒"自署，表示愿为革命事业甘当一名奋勇进击的勇敢战士。著名革命思想家章太炎为之作序，称该书是震撼社会的"雷霆之声"。

《革命军》以激越昂扬的爱国热情和痛快淋漓的文字，无情揭露了清政府的卖国罪恶，热情歌颂了革命事业的伟大，论证了反清革命的必要性。邹容在书中指出：革命是"天演之公例"、"世界之公理"，是"顺乎天而应乎人"的伟大举动。中国人民要摆脱清朝的统治，争取民族独立，则"不可不革命"。他号召人民起来，效法英、法、美等国的资产阶级革命，推翻清朝封建专制统治，扫荡干涉中国主权的"外来之恶魔"，建立独立、自由、民主的"中华共和国"。

《革命军》的嘹亮号角很快响遍神州大地，深深打动了无数爱国者，成为激励他们走向革命的"教科书"。正如吴玉章所说："号角一声惊睡梦，英雄四起挽沉沦。"

陈天华，字星台，号思黄，湖南新化人。1904 年初，他写成了《猛回头》、《警世钟》两本有巨大影响的小册子。在这两本书中，他以激昂的爱国热情，采用通俗的说唱文学形式，对帝国主义的侵略行径和清政府"拱手降洋"的卖国罪行进行了无情的揭露和抨击。他在《猛回头》中写道：

俄罗斯，自北方，包我三面；

英吉利，假通商，毒计中藏。

法兰西，占广州，窥伺黔桂；

德意志，胶州领，虎视东方。

新日本，取台湾，再图福建；

美利坚，也想要，割土分疆。

面对此危厄形势，清政府抱何态度呢？该书揭露说：

这朝廷，原是个，名存实亡。

替洋人，做一个，守土官长；

压制我，众汉人，拱手降洋。

陈天华痛感只有唤起民族的觉醒，才能"救我中国"，因此他大声疾呼："醒来！醒来！快快醒来！快快醒来！不要睡的像死人一般。"祖国的同胞们，一定要发扬爱国的心，勇任救国的事，"万众直前，杀那洋鬼子，杀投降那洋鬼子的二毛子"。"改条约，复政权，完全独立"，"雪仇耻，驱外族，复我冠裳"。

《警世钟》、《猛回头》出版后，也很快在群众中流行开来，出现了"稍识字者，即朗诵之"的动人场面。《革命军》、《猛回头》、《警世钟》的风行于世，大大促进了革命思想的传播和人民大众的觉醒，把越来越多的人吸引到革命洪流中。

② 革命团体的中坚

资产阶级民主革命思想的传播和革命派队伍的日益扩大，促进了各地革命组织的建立。1904 年，各种革命团体在国内纷纷建立。这些团体虽然具有不同的特点，但都力图适应局势的发展，担当起领导革命的重任，其中以华兴会、科学补习所、光复会最有影响。

华兴会是以黄兴为首的两湖地区的反清革命团体。1903 年初夏，黄兴回家乡进行反清革命运动，一面作革命宣传，一面密邀志同道合的同志筹划组织革命团体。这年 11 月 4 日，刘揆一、陈天华等 12 人在长沙以给黄兴祝寿为名秘密集会，一致议决成立华兴会。他们提出"同心扑满，当面算清"的口号，隐寓"扑灭满清"的意思。翌年 2 月 15 日，在长沙明德学堂校董寓所正式召开成立大会，到会者有 100 多人，推举黄兴任会长，宋教仁、刘揆一任副会长。

华兴会的组织者多为留学生或在国内受过新式教育的青年知识分子，如黄兴、宋教仁、刘揆一、刘道一、吴禄贞、李书城、杨笃生、张继、田桐、孙武等。他们是华兴会及后来同盟会的骨干分子。

科学补习所是湖北地区的反清革命团体，1904 年 7 月初在武昌成立，以吕大森为所长，胡瑛为总干事，以"革命排满"为宗旨。其成员多是学界和新军中的青年知识分子。同年冬，曾准备响应华兴会长沙起义，后因事泄，组织活动暂停。1906 年春，刘静庵等又另组织日知会，继续从事革命活动。后来日知会相继改为群治学社和文学社，成为武昌起义的主要组织力量之一。

光复会是江浙地区的革命团体，其前身是军国民教育会在上海组织的暗杀团。1904 年夏，由留日学生杨笃生、龚宝铨、何海樵等组织的军国民教育会暗杀团返国，在上海又发展蔡元培等加入。不久，留日学生陶成章等亦回沪。蔡元培与龚宝铨、陶成章等商议，决定扩大暗杀团为光复会。同年冬，光复会在上海成立，以蔡元培为会长。这是留日学生中产生的革命团体，其中蔡元培、陶成章、邹容、秋瑾、徐锡麟等都是宣传、实践资产阶级民主革命思想的杰出战士。

此外，在海内外其他地方也出现了许多革命小团体。如东京的共爱会、三合会，上海的爱国协会、青年学社，安徽的岳王会，江苏的励志学会、知耻学社，南京的强国会，云南的誓死会等等。这些团体多数是以留学生和在国内受过新式教育的青年知识分子为骨干。革命团体的建立和民主革命思想的传播，为建立统一的资产阶级革命组织打下了基础。

1905 年 7 月，孙中山从欧洲重返日本。经过与黄兴、宋教仁、陈天华等人的磋商，决定以兴中会、华兴会为基础，联络光复会等革命团体，成立统一的反清革命组织。8 月 20 日，中国同盟会在东京举行成立大会。大会通过了《中国同盟会总章程》，明确规定以"驱除鞑虏，恢复中华，创立民国，平均地权"为宗旨。会议选举了同盟会领导机构。孙中山被推为总理，黄兴为执行部庶务，协助总理主持本部工作。留学生精英张继、刘揆一、汪精卫、邓家彦、宋教仁、陈天华、田桐、曹亚伯、孙毓筠、朱执信、吴玉章、秋瑾、胡瑛、廖仲恺等人都是本部最早的领导骨干。同盟会本部下设的支部及各省分会，也多由留日学生主持。至于同盟会会员，也多是留学生及其他青年知识分子。同盟会成立后的 3 年内，其成员出身可考者 379 人，90% 以上是留日学生，他们构成了同盟会的核心。

显然，同盟会是一个由兴中会、华兴会、光复会等革命团体的骨干分子及各省留学生精英所组建起来的全国性的资产阶级革命政党。

中国同盟会的成立，使中国资产阶级民主革命有了统一的指导中心，中国资产阶级革命进入了新的阶段。

武装起义的骨干

中国同盟会成立后，资产阶级革命派一方面同改良派进行了大规模的思想论战，大力宣传资产阶级革命思想；另一方面，在国内组织和发动了一系列武装起义。许多爱国学生参加了武装起义的组织领导工作，成为武装起义的骨干。

1906～1911 年的几年间，同盟会在华中、华南地区组织了十几次武装起义。虽然这些起义的基本力量主要是会党或新军，但许多起义都有学生出身的同盟会员参加组织和领导工作。如 1906 年 12 月的萍（乡）浏（阳）醴（陵）起义，就是留日学生刘道一、蔡绍

南与明德学堂学生魏宗铨推动当地会党首领龚春台等
发动的。1908 年的云南河口起义，留日学生奉同盟会
命令前往参加者就有 100 多人。1911 年 4 月 27 日，黄
兴领导的广州起义爆发。黄兴亲率 100 多名先锋队员
（敢死队）攻入两广总督衙门，同清军展开激烈巷战，
由于寡不敌众，起义失败。在英勇牺牲和被捕就义的
80 多人中，就有俞培伦、林文、方声洞、林觉民、陈
可钧等 8 名留日学生，此外还有其他各界青年志士 20
多人。当时年仅 26 岁的留日学生俞培伦，虽然左臂伤
残，仍在胸前挂满一筐炸弹，奋勇当先，冲杀在前。
被捕后，他在敌人的刑讯面前坚贞不屈，视死如归，
慷慨激昂地说："学说是杀不了的，革命尤其杀不了。"
表现了革命青年的坚贞气节。他们以自己的青春热血
谱写出一曲壮丽的凯歌，激励着无数的人们沿着他们
的足迹继续战斗。

就在广州黄花岗起义失败后仅半年多时间，武汉
的革命组织文学社和共进会领导的武昌新军起义爆发
并且取得成功。文学社、共进会的主要领导人蒋翊武、
刘复基、刘公、孙武、焦达峰等，均为留日学生或在
国内受过新式教育的革命知识分子。他们鉴于以往依
靠会党起义失败的教训，更加重视争取新军的工作。
他们派大批青年知识分子参加新军，在新军中进行广
泛的革命宣传，使武汉地区 1/3 的新军都成了共进会
和文学社的成员，从而为武昌起义的胜利奠定了基础。

武昌起义胜利的消息，似滚滚惊雷，迅速传遍全
国。各省的同盟会员、革命党人闻风而动，纷起响应，

到 11 月下旬，全国 24 个省区已有湖南、陕西、江西、云南、上海等 15 个省市宣布起义或独立，形成全国性的革命高潮。

在许多省份的独立运动中，受过新式教育的青年知识分子发挥了非常重要的作用。如云南新军响应起义的 40 名将领中，就有蔡锷、李根源等 31 人是留日学生。孙中山后来在回顾辛亥革命历史时，高度评价了学生的作用。他说："本党以前在组织同盟会，所得会员不过 1 万多学生。他们回国之后，到各省去宣传，所以辛亥武昌起义，登高一呼，全国响应，不到半年，就收全国统一的大效果。"

三 震动全国的五四惊雷

 ## 民主和科学的启迪

　　资产阶级革命派领导的辛亥革命，推翻了清王朝的统治，结束了几千年的封建帝制，建立了中华民国，但由于资产阶级的软弱性，革命果实被北洋军阀头子袁世凯篡夺。

　　袁世凯上台后，勾结国内外反动势力，打击革命力量，很快建立起北洋军阀的黑暗统治。

　　袁世凯等北洋军阀头目，对内独裁，对外卖国，把中国人民再次推向苦难的深渊。一些革命志士沉痛地吁叹："无量金钱无量血，可怜购得假共和。"

　　袁世凯为了复辟帝制，还极力推崇封建纲常名教，大搞"祭天祀孔"。一些封建卫道士也在"发扬国粹"的幌子下大肆活动，公开诋毁民主共和思想，鼓吹君主复辟。一时间，尊孔复古的逆流甚嚣尘上。

　　面对黑暗的社会政治和思想界的浊流，一部分激进的民主主义知识分子开始了痛苦的反思。他们从辛亥革命的经验教训中认识到，过去先觉者进行的救国

19

斗争之所以屡次失败，根本原因是没有唤起"多数国民之自觉"，使人民对革命"若隔岸观火"。他们由此认定，要建立名副其实的民主共和国，必须首先把人们从封建蒙昧的状态中唤醒，投入到争取民主自由的斗争中去。

这样，一场旨在革故鼎新、解放思想的新文化运动就应运而生了。

1915 年 9 月，参加过辛亥革命的陈独秀在上海创办《青年杂志》（后改名《新青年》），吹响了新文化运动的号角。该刊一问世就高扬民主和科学的大旗，向封建主义发起猛烈的攻击。

陈独秀等新文化的倡导者大力宣传资产阶级民主政治，反对封建专制；宣传科学知识和科学思想，反对封建迷信和盲从；宣传平等自由和个性解放的新道德，反对封建的旧礼教、旧道德；提倡新文学，反对旧文学。针对尊孔复古逆流，他们还提出了"打倒孔家店"的口号，把批判锋芒直指封建的正统思想孔孟之道，揭露"三纲五常"是"奴隶的道德"，忠孝节义是"吃人的礼教"，从而在很大程度上打破了长期禁锢人们思想的精神枷锁。

1917 年 1 月，蔡元培出任北京大学校长。他提倡"思想自由，兼容并包"的方针，延揽陈独秀、李大钊、胡适等有新思想的学者来校任教，《新青年》编辑部也迁到北京。这样，北京大学和《新青年》编辑部就成了新文化运动的主要阵地。

新文化运动"为中国的社会思想放出有史以来绝

无仅有的奇彩"，在中国思想界和知识青年中引起极大震动。它对封建的伦理道德、迷信思想、传统观念、偶像崇拜以及各种旧风俗习惯的无情批判，在文化思想领域燃起了启蒙运动的火炬，开启了新思想涌动的闸门，唤起了人们特别是广大知识青年对国家民族命运的关心。广大青年把《新青年》视为"金针"和"良师益友"，争相阅读。在新文化运动的影响下，广大青年掀起了争取民主、追求真理的热潮。

当时的北大，学生的思想非常活跃。从 1917 年暑假开始，各种学会纷纷涌现，如雄辩会、哲学会、新闻研究会、进德会等等。这些学会除讨论有关的学术问题外，还积极讨论中国的政治问题、社会问题、道德问题等。校园内各种报告会、讲演会、辩论会等接连不断，出现了前所未有的百家争鸣的局面。各种新思潮、新观念渗入学生的头脑。许多学生一改"两耳不闻窗外事"的旧习，越来越关心国家的前途和命运，1917 年北大等几所学校山东籍学生发起反对日本帝国主义在山东设立"民政署"的斗争，就是一个例证。

但初期的新文化运动毕竟是资产阶级的思想文化启蒙运动，它不可能给中国青年指出彻底解放的道路。

正当新文化运动蓬勃发展的时候，俄国十月革命胜利的消息传到了中国，给中国人民特别是先进的青年知识分子以极大的影响。尽管当时的青年学生还不能深刻理解十月革命的伟大意义，但十月革命胜利的炮声毕竟把一种让工农劳苦大众当家做主的崭新社会模式和思想学说摆在了他们面前，给他们指明了一条新的道路。

李大钊率先发表文章，讴歌十月革命的胜利是"劳工主义的战胜"，是"世界人类全体的新曙光"，并号召中国人民应当走十月革命的道路。

在李大钊的影响下，一些先进的青年知识分子开始如饥似渴地学习马克思主义和俄国十月革命的经验，探索解放中国的新道路，在他们当中逐渐涌现出一批具有初步共产主义思想的知识分子。

在新文化运动和十月革命的影响下，中国青年学生的爱国热情日益高涨，并开始表现为政治行动。

1918 年 5 月，北洋军阀政府与日本帝国主义签订《中日陆军共同防敌军事协定》，企图共同反对苏维埃俄国。消息披露后，中国留日学生首先行动，在东京举行集会游行，坚决反对这个协定。接着，有 2000 多名留日学生罢学回国，并成立了救国团，到全国各地进行鼓动宣传。5 月 21 日，北大、北京高师、北京高工等校学生 2000 多人，齐集总统府门前请愿，要求取消卖国协定。天津、上海、福州等地学生也提出废止"军事协定"的要求，这是中国学界第一次大规模的反帝爱国斗争，它虽然没有达到直接目的，但却促进了爱国学生的政治觉醒，成为五四运动的一次预演。

斗争需要组织。请愿斗争后，北京一些学生组织了学生救国会（初名爱国会），并派代表南下联络，得到上海、南京、天津、济南等地学生的支持，学生救国会成为全国学界的爱国组织。嗣后在北京及其他地区相继成立了许多先进青年团体，如北京的"国民社"、"新潮社"和"少年中国学会",武昌的"互助会",长沙的"新民学会"等等,都是当时很有影响的青年社团。这些社团集聚了一批先进青年,通过讲演、座谈、办刊物等形式,努力研究和宣传新学术新思想,批判旧思想旧道德,成为新文化运动的一支主力军。许多进步学生以"读书不忘爱国,爱国不忘读书"作为自己的座右铭,更加关注社会现实,关心祖国的前途和命运。

中国青年知识分子政治上的进一步觉醒和组织程度的提高,为五四爱国运动的爆发奠定了重要的基础。

 古城怒吼

五四运动的直接导火线是中国在巴黎和会上的外交失败。

1919 年上半年,协约国在巴黎举行"和平会议",拟定对德奥等战败国的"和约",实际上是一个由英、美、法三国操纵的帝国主义分赃会议。中国在大战中参加了协约国一方,也以战胜国的资格派代表团出席了会议。

在和会上,中国代表提出取消外国在中国的某些特权、取消"二十一条"以及收回德国在山东的各项权益等正当要求,但均遭到和会的无理拒绝。会议竟决定将德国在山东的一切特权交给日本。中国除得到八国联军侵华时德国掠走的几架旧天文仪器外,其他一无所获。而腐败无能的中国北洋军阀政府仍准备在和约上签字。

巴黎和会外交失败的噩耗传来，立即在中国人民，特别是在青年学生中引起爆炸性的反响，积聚在学生心头的怒火如火山一样迸发出来。

5月2日，北大等校的学生骨干召开紧急会议，商讨行动对策。

5月3日晚，北大、清华、北高师等13所中等以上学校的学生代表1000多人在北大法科礼堂集会。与会学生争先恐后地登台发言，慷慨激昂地痛陈亡国惨祸在即，号召大家挺身而出，奋起救亡。北大学生谢绍敏悲愤填膺，当场咬破中指，撕下一片衣襟，血书"还我青岛"四个大字，使与会学生的情绪更加激昂。会议一致决定：联合各界一致力争；通电巴黎和会的中国代表，坚持拒签和约；通电各省市于5月7日国耻日举行群众示威；5月4日在天安门广场举行学界大示威。会后各校学生骨干连夜进行各项准备，北京高师工学会成员还准备以激烈手段对付卖国贼曹汝霖、章宗祥等。

5月4日下午1时许，北京十几所大中专学校的3000多名学生从四面八方汇集天安门广场。他们手执各色小旗，上面写着"取消二十一条"、"拒签和约"、"还我青岛"、"誓死力争"、"保我主权"等口号。广场南侧一副痛责卖国贼曹汝霖、章宗祥等的挽联格外引人注目：

卖国求荣，早知曹瞒遗种碑无字

倾心媚外，不期章惇余孽死有头

大会开始后，口号声响彻云霄。学生们当众宣读和散发了《北京学生界宣言》和大会传单。这些宣言和传单揭露了帝国主义"背公理而逞强权"的强盗行为，提出了"外争主权，内除国贼"的主张，并坚定地表示："中国的土地可以征服而不可以断送！中国的人民可以杀戮而不可以低头！国亡了！同胞起来呀！"

集会结束后学生们开始了浩浩荡荡的游行示威，直奔各国使馆所在地的东交民巷，但遭到帝国主义巡捕的阻拦，未能通过。愤怒的学生改道前进，奔赵家楼胡同曹汝霖住宅，找卖国贼算账。这时曹宅大门紧闭，门前军警林立。北京高师的匡互生等人不顾危险，从围墙窗洞跃入院内，打开大门，学生们蜂拥而入。曹汝霖仓促躲进一厢子间，未被发现。但正在曹宅的章宗祥却被学生捉住痛打了一顿。学生们捣毁了曹宅并放起一把火。当军警赶来镇压时，绝大多数学生已经撤离，未及离去的许德珩等32名学生当即被捕。

军阀政府的暴行进一步激怒了爱国学生。5月5日，北京各大专院校学生一致罢课，要求政府释放被捕学生，惩办卖国贼，拒签巴黎和约。6日，正式成立了北京中等以上学校学生联合会。

全国各界群众闻讯后纷纷发表通电，声援北京学生的爱国行动，强烈要求释放被捕学生。

在各界的压力下，北京政府被迫于7日释放了被捕学生，但同时又下令将他们送交法庭预审，迫使北大校长蔡元培辞职出走。此举再次震怒了北京学生。11日，北京各大专学校教职员联合会成立，参加学生的爱国斗争。5月19日，北京学生再次举行总罢课。学生们组织"救国十人团"到街头进行爱国宣传，使许多市民深受感动。

学生爱国运动的进一步发展，引起了帝国主义和军阀政府的恐慌。在日、美、英、法等国驻华公使的压力下，北洋政府在6月3日、4日逮捕了上街讲演的学生近千名。

面对反动政府的淫威，学生们并没有屈服，6月5日，又有5000多名学生上街讲演，他们带着行李衣物，抱着不怕坐牢的决心，雄赳赳地奔向作为临时拘留所的北大法科。许多市民也纷纷参加到学生队伍里来，汇成一股愤怒的人流。

风暴遍神州

北京学生掀起的五四爱国风暴，迅速吹遍神州大地，得到各地学生和群众的积极响应。

山东人民在五四以前就掀起反日斗争，其后规模更见扩大。在济南，从5日起各校学生纷纷组织团体，上街进行爱国宣传。7日，山东各界召开国耻纪念大会，要求力争青岛、惩办国贼、开释学生，随后成立了山东学生联合会。5月23日，济南中等以上学校实行总罢课。济宁、烟台、临沂、泰安等地的学生也相继举行罢课和示威游行。

在天津，中等以上各校学生于5月7日举行集会和示威游行，14日成立天津学生联合会。接着，天津女界爱国同志会也宣告成立。23日，天津1万多学生举行总罢课，罢课宣言提出了拒签和约、取消"二十一条"、诛卖国贼等六项要求。天津学生在罢课前后广泛开展了抵制日货活动，并得到爱国商界的响应。

在上海，5月7日，各学校各团体2万多人召开国民大会，会场上"呼号杀卖国贼、废密约之声，如雷震耳"。11日，上海学生联合会成立。26日，上海学生总罢课。参加罢课的60多所学校学生2万多人举行罢课宣誓大会，表示了为挽救祖国危亡"死生以之，义不返顾"的坚强决心。

在此期间，武汉、长沙、广州、南京、苏州、杭州、南昌、开封等50多个大中城市的几十万学生相继投入五四斗争洪流，"外争国权，内除国贼"成为各地学生的一致斗争口号。法国、日本等地的中国留学生也开展了各种爱国活动。

由北京学生掀起的爱国运动，促进了广大民众的觉醒，充分显示了知识青年的革命先锋作用。而"学生运动的高涨，不可避免地要促进整个人民运动的高涨"。6月3日以后，由于工人阶级参加战斗，商人也行动起来，从而使五四运动突破了知识分子的范围，发展成为全民性的爱国运动。

北京军阀政府"六三"大逮捕的消息传到上海后，引起了上海工人阶级的极大愤怒。他们自动组织罢工，声援学生的爱国斗争。

6月5日，上海日资内外棉三、四、五厂的工人首先罢工。接着，日华纱厂、上海纱厂、商务印书馆、中华书局的工人也举行罢工。随后，上海各行业工人纷纷响应，上海工人罢工很快达到高潮。自6月5日起的一周内，参加罢工的企业达50多个，工人达六七万人，与此同时，上海商人也相继罢市，从而形成了中国历史上从未有过的工人罢工、学生罢课、商人罢市的联合斗争局面。

从上海开始的"三罢"运动，迅速扩展到全国的150多个城市，使帝国主义和封建军阀惶恐不安，北京政府被迫释放了被捕学生，并下令免去曹、章、陆（宗舆）的职务。五四运动取得了第一个胜利成果。

曹、章、陆被罢免后，要求拒签和约便成了五四运动的中心内容。

6月16日，来自全国各地的学生代表在上海大东旅馆集会，宣布全国学生联合会正式成立。

6月17日，北京政府违反全国人民公意，竟然电令出席巴黎和会的中国代表团准备在和约上签字。全国学联立即号召和组织各地学生投入拒签和约的斗争。全国学联在一份宣言中指出，如果"北京政府冥顽不灵，悍然与民意宣战，是甘弃人民而自陷于孤立地位"，"为我四万万同胞所不能承认"，发出了将否认北京政府的明确信号。

6月18日，山东各界代表80多人进京请愿。北京、天津等地的学生也先后到总统府请愿，严词要求拒签和约。在巴黎，旅法华工、留学生和华侨数百人于 27 日包围中国政府总代表陆徵祥的住地，强烈要求拒绝签字，并声言不许一人走出大门。第二天，中国代表终于没有出席和会签字仪式。至此，五四爱国运动的两个直接斗争目标都达到了。轰轰烈烈的五四运动取得了重大胜利。

五四运动是中国革命史上具有划时代意义的事件。它标志着中国新民主主义革命的伟大开端，也揭开了中国青年运动崭新的一页。

五四运动充分显示了中国青年执著的爱国热情和英勇的斗争精神。成千上万的学生为了"外争国权，内除国贼"率先揭旗而起，并始终站在运动的前头。面对军阀政府的镇压，他们"死生以之，义不返顾"，不怕坐牢，不惧牺牲，表现出英勇无畏的斗争气概。青年学生以自己炽烈的爱国热情和斗争精神，唤醒了整个社会，使这场运动很快发展为包括各阶层群众广泛参加的反帝反封建运动，并使之带有以往斗争所从未有过的彻底性和不妥协性。

中国青年学生所发挥的先锋和桥梁作用，为整个社会所瞩目，并成为此后中国青年运动的光荣传统。

五四运动推动了中国革命知识青年开始走向与工农群众相结合的道路。在五四运动初期，青年学生的英勇斗争虽曾给军阀政府以很大的冲击，但并没有使军阀政府作出更多的让步。"六三"以后，中国工人阶级一投入战斗，就以自己的巨大政治声势、特有的组织性和斗争的坚定性，成为斗争的主力军，在迫使北京政府释放被捕学生、罢免卖国贼方面起了决定性作用。中国的先进知识分子正是由此认识到了工人阶级的伟大力量，认识到要进行反帝反封建的革命，单靠少数知识分子是不行的，必须依靠广大人民群众共同奋斗。正如邓中夏所说："五四运动中一部分学生领袖就是从这里出发，'往民间去'，跑到工人中去办工人学校，去办工会"，走上了"与劳工为伍"的道路。

这些先进的知识青年到工人群众中进行宣传工作和组织工作，一方面促进了自己世界观的改造，另一方面也促进了马克思主义与中国工人运动的结合。

五四运动所开创的知识青年与工农群众相结合的道路，为以后青年运动指明了正确的方向。

五四运动促进了中国青年的新觉醒，推动了马克思主义在中国的传播。巴黎和会的教训，打破了许多青年学生对帝国主义的天真幻想，使他们逐步认清了帝国主义的固有矛盾及联合压迫中国人民的实质。北京军阀政府的倒行逆施，使他们更痛感到腐败黑暗的社会现状决难忍受。这些都促使他们进一步探求救国救民的新出路。

五四运动后，"改造社会"已成为广大青年的共同呼声。各种宣传新思潮的团体、刊物如雨后春笋般出现。许多新刊物都以宣传"社会主义"学说为时尚，"学生运动倏然一变而倾向于社会主义"。虽然当时许多人对社会主义还只是一种朦胧的向往，有如"隔着纱窗看晓雾"，但这种状况至少说明许多青年已开始淡化对资本主义的眷恋，而对社会主义发生了浓厚的兴趣。

随着五四运动以后马克思主义的广泛传播，继李大钊、陈独秀之后，毛泽东、邓中夏、蔡和森、恽代英、瞿秋白、周恩来、赵世炎、董必武、陈潭秋、向警予等一大批先进青年分别通过各自的努力和探索，树立了对马克思主义的信仰，先后转变为共产主义者，从而为中国共产党和社会主义青年团的成立，作了思想上、干部上的准备。

四 青年运动有了指路明星

 中国社会主义青年团的创建

中国社会主义青年团作为中国共产党领导下的先进青年的群众组织，作为党的有力助手和后备军，是伴随中国共产党早期组织的成立而诞生的，反映了中国新民主主义青年运动发展的客观需要。

随着五四以后群众运动的深入发展和马克思主义的广泛传播，中国的先进青年愈来愈认识到联合起来，建立新型青年组织的必要。所以，各地共产主义者在早期筹建中国共产党的过程中，先后建立了社会主义青年团。

中国工人阶级和先进青年比较集中的上海，成为中国共产党和社会主义青年团的发祥地。

1920 年六七月间，陈独秀在共产国际代表的帮助下，加紧进行建党的准备工作。8 月正式建立了中国共产党上海发起组，陈独秀任书记。

上海共产党小组成立后，一方面大力宣传马克思主义，指导各地的建党工作；另一方面对青年工作也给予很大关注。为了团结、教育革命青年，为共产党培养后备力量，上海共产党小组指派最年轻的成员俞秀松负责组建社会主义青年团。

建团工作首先在外国语学社的学生中开展。外国语学社是上海共产党小组创办的一所培养干部的学校，吸收上海、湖南、浙江、安徽等地的先进青年入学，学习外语和马克思主义基本知识，同时参加一些革命活动。俞秀松与外国语学社负责人杨明斋等，首先在学社中发展了刘少奇、罗亦农、任弼时、萧劲光等第一批青年团员，俞秀松任团的书记，团的机关就设在外国语学社。

此后，青年团组织陆续发展，他们当中的许多人，如刘少奇、罗亦农、任弼时、萧劲光、王一飞、柯庆施、汪寿华等先后被选送到苏维埃俄国学习，其中大多数人后来都成为中国共产党和青年团的著名活动家。

上海团组织成立后，即与全国各地共产主义者联系，要求各地开展建团活动。

北京的社会主义青年团是在李大钊的亲自指导下建立的。1920年10月，北京共产主义小组成立后，即按照上海方面的建团要求，着手筹建北京青年团组织，草拟了团章。11月，在李大钊的指导下，由小组成员邓中夏、罗章龙、刘仁静、张国焘等负责发起组织社会主义青年团，召开了青年团第一次会议，高君宇（尚德）被推选为书记。

至1921年3月底，北京社会主义青年团员发展到50多人，并成立了团的"事务所"（即团的机关）。此后，在北京党团组织的帮助下，天津、唐山、太原等地也相继成立了青年团组织。

长沙的社会主义青年团是毛泽东主持创建的。1920 年夏，已经转变为马克思主义者的毛泽东回到长沙。毛泽东以新民学会会员为骨干，相继创办了文化书社和俄罗斯研究会，聚集一批进步青年学习和宣传马克思主义。10 月，毛泽东接到上海共产党小组寄来的青年团章程后，立即在湖南一师开始建团工作。在建团过程中，毛泽东采取了积极与慎重相结合的方针，非常重视团员的政治质量。他认为，建团的宗旨"在研究并实行社会改造"，因此必须注意找信仰主义的"真同志"，找真正的"社会主义实行家"。

经过几个月艰苦细致的工作，长沙社会主义青年团于 1921 年 1 月正式成立，毛泽东任书记。到这年春天，长沙的社会主义青年团员已发展到 40 多人。

与此同时，武汉、广州等地的共产主义者也相继建立了社会主义青年团组织。

各地团组织组织团员青年学习马克思主义，参加实际斗争，为共产党造就了一批后备力量。

初期的青年团组织虽然具有社会主义倾向，但成分比较复杂，团员中除信仰马克思主义者外，还有信仰无政府主义、基尔特社会主义、工团主义及其他社会思潮的。

由于观点不同、意见分歧、组织松散，加之俞秀松等大批团的骨干赴苏俄学习，到 1921 年 5 月，各地青年团组织的工作基本陷于停顿。

1921 年 7 月中国共产党成立后，中共中央局要求各地党组织应切实加强对青年运动的领导。与此同时，出席少共国际第二次代表大会的张太雷，带着在中国组织少年共产党的指示回国，决定整顿与恢复社会主义青年团。经过择优汰劣，重新登记，中国社会主义青年团于 11 月在上海恢复，成立了临时中央局，明确规定中国社会主义青年团为信奉马克思主义的团体。接着，北京、广州、武汉、长沙、天津、南京等地的团组织也相继恢复，一些原来没有团组织的地区也陆续建立了青年团。

在各地青年团组织迅速恢复和发展的基础上，为了统一全国的青年运动，在中共的关怀和领导下，1922 年 5 月 5 日，即卡尔·马克思诞辰纪念日，在广州隆重召开了中国社会主义青年团第一次全国代表大会。俞秀松、施存统、高君宇、张太雷、恽代英、蔡和森、刘少奇等 25 名代表与会，代表全国 15 个地区的团组织 5000 多名团员。大会通过了《中国社会主义青年团纲领》、《中国社会主义青年团章程》及有关的决议案。

在团的纲领中，明确规定中国社会主义青年团是"中国青年无产阶级的组织"，其奋斗目标是要在中国建立"一切生产工具收归公有和禁止不劳而食的初期共产主义社会"。团的纲领接受中国共产党的政治主张，明确提出"铲除武人政治和国际帝国主义的压迫"。

大会选出了张太雷、施存统、蔡和森、俞秀松、高君宇5人组成的团中央执行委员会，施存统当选为团中央书记。此后，社会主义青年团就成为中国共产党领导下的思想上、组织上统一的先进青年组织，成为中国新民主主义青年运动的中坚力量。

这时，旅欧共产党小组的赵世炎、周恩来、李维汉等也在多方联络，积极筹备成立旅欧青年团组织。

1922年6月初，旅欧中国少年共产党在巴黎宣告成立，赵世炎任书记，周恩来、李维汉分任宣传委员和组织委员。1922年底至1923年春，经与中共中央联络请示，旅欧少年共产党加入中国社会主义青年团，并改名为"中国共产主义青年团旅欧支部"。

作为创建时期中国社会主义青年团的重要组成部分，共青团旅欧支部在宣传马克思主义、宣传中国革命等方面发挥了重要作用，并为中国革命培养出一批骨干力量，如蔡和森、赵世炎、周恩来、陈毅、聂荣臻、邓小平、李富春、王若飞、李立三、李维汉、陈延年、蔡畅等，后来都成为中国共产党的著名活动家。

中国共产党和中国社会主义青年团的成立，使中国青年运动有了光辉的指路明星。在党团组织的关怀和领导下，中国青年运动开始进入新的阶段，并成为中国新民主主义革命运动中一支朝气蓬勃的主力军。

 由沉寂走向复苏的学生运动

中国社会主义青年团成立后，一方面配合共产党，开展工人运动和农民运动，另一方面也加强对青年学生工作的领导。青年团"一大"曾指出，青年团组织应加紧活动，在学生联合会中"造成中坚势力"，以便"于学生的爱国及争自由等各种运动中得以指导一切"。

在党团组织的领导及影响下，五四运动以后一度沉寂的学生运动，又重新恢复并逐步走向高潮。

学生运动的复苏，开始于具有五四革命传统的北京大学。1922 年 11 月间，北京政府任命卖身投靠的无耻政客彭允彝为教育总长。彭到任后，即借整顿学风为名，克扣教育经费，任用私党，摧残教育，引起学界的极大不满。北大校长蔡元培不愿与此辈同流合污，愤而提出辞职。

蔡元培在教育界深孚众望，他的辞职在北大及其他各校引起广泛反响，许多学校的学生教师纷纷上书、通电，要求"挽蔡驱彭"。李大钊通过北大学生会和学生干事会积极领导了这一斗争。1923 年 1 月 19 日，北大联合法专、医专、工专等校学生 1000 多人赴象坊桥众议院请愿，要求"驱逐教育界败类彭允彝"，但却遭到大批军警的殴打，造成 300 多人受伤的流血事件。

事件发生后，北大及其他各校学生立即发表宣言、通电，痛斥反动政府的暴行，表示驱彭的决心。1 月 23 日，北大等 30 多所院校的 5000 多名学生再次向参议院请愿，但参、众两院是军阀政府的工具，参议院仍通过了对彭允彝任命的同意案。

两次请愿的失败使学生初步认识到，不打倒国会，便推不倒彭允彝。这时，共产党和青年团组织也及时给学生们指明方向。1 月底，邓中夏在《北大学生新闻》上发表文章，指出：这次运动的真因，绝不单纯是一个校长问题或一个教育总长问题，乃是反动的军阀政治压迫我们的问题。因此，"驱彭"也好，"挽蔡"也好，都是枝节问题，最根本的问题是推翻军阀政治，"只要反动势力政治，即军阀政治根本推翻，这些问题便可迎刃而解"。团中央刊物《先驱》也发表文章指出：去一人，留一人，于改造社会"澄清政治"是毫无意义的。真要改造社会，真要安宁求学……首先要同心协力，推翻现有支配阶级的势力。

在正确思想的引导下，北京学生进一步把斗争矛头指向整个军阀政府。北京学联发动各校学生组织讲演团，走上街头，揭露军阀政府的罪行，号召人民起来斗争。《北京大学新闻》等也发表大量文章，揭露北京军阀政府勾结帝国主义压迫中国人民的罪恶行径，发出"打倒军阀"、"打倒国际帝国主义"的呐喊。

由此可见，此时学生运动的斗争目标比五四时期更为明确了。他们初步接受了中国共产党反帝反封建的革命主张，把斗争锋芒从个别的"国贼"指向了整个封建军阀统治。

1922 年至 1923 年 2 月，中国工人阶级在共产党的领导下，掀起了第一次罢工斗争高潮。工人阶级在斗争中所表现出来的英勇无畏和团结一致的精神，使青年学生备感钦敬和同情，他们纷纷行动起来，倾力声援工人斗争。

1923 年 2 月初，京汉铁路工人为抗议吴佩孚以武力阻挠京汉铁路总工会成立发动全路总罢工。消息传来，北京学联、北大学生会、社会主义青年团等纷纷发表通电、宣言，谴责军阀政府"毁法残民"的暴行，号召广大学生对工人的斗争给予"充分的援助"，学生和工人要手挽手一致联合起来，"推倒我们共同痛恶的强敌"。他们还成立了"铁路工人后援会"，决定以示威游行、通电全国和捐款慰问等方式声援工人阶级的英勇斗争。

2月7日，军阀吴佩孚、萧耀南等挥舞屠刀，血腥屠杀罢工工人，制造了震惊中外的二七惨案，激起北京学生和各界群众的极大义愤。2月9日下午，北京学联倡议召开了全市学生联合大会。在会上，长辛店工人展示了被害工人的血衣，悲愤地控诉反动军阀镇压屠杀工人的罪行，许多同学泣不成声，坚决要求向刽子手讨还血债。会后，激愤的学生和工人举行了声势浩大的示威游行。大家高举着写有"打倒军阀"、"援助工人"、"还我自由"等字样的旗帜，沿途观者如潮，传单纷飞，"打倒军阀"、"否认国会"等口号声不绝于耳。这天参加游行集会的学生、工人有5000多人，成为五四以后北京民众"最有精神的集会"。

为了进一步唤起民众并向军阀政府示威，北京学联和其他团体于3月2日（阴历正月十五）又联合举行了提灯大游行。游行队伍分别从北大、高师等校出发，沿预定路线向天安门前进，一时"军乐大作，万灯齐发，宛如长蛇"。灯笼上写的"打倒军阀"、"否认国会"、"推翻政府"等口号，在灯光闪烁中格外引人注目。

3月22日，北京各大中小学学生及其他各界人士5000多人在北高师操场举行林祥谦、施洋等烈士追悼大会。在会上，许多学生坚定地表示，要学习工人阶级英勇斗争的革命品质，把烈士未竟的事业"誓死贯彻下去"。

此外，中国社会主义青年团及上海、武汉、长沙等地的学生团体也纷纷发表宣言，强烈谴责军阀当局的暴行，号召人民一致行动起来，打倒军阀！打倒国际帝国主义！

与此同时，北京、上海等地的青年学生还掀起了一个"收回旅大"和废除"二十一条"的示威运动。

旅顺、大连原为沙俄强占的租借地，1904年日俄战争时旅大被日本占领。该地原定租期为25年，至1923年3月26日期满。但日本帝国主义以"二十一条"的有关条款为借口，拒绝归还旅大，引起中国人民的愤慨。3月20日，全国学生代表大会在上海发出通电，号召各地学生在3月25日前后举行示威活动。3月24日，上海学生会、全国学生联合会联合各团体召开万人市民大会，要求取消"二十一条"和收回旅大租借权。次日，各校学生和市民5万多人，又举行对日游行大会，夏曦代表全国学联在大会上讲话，号召全国人民"打倒国际帝国主义与本国军阀，为自由而战"。

3月26日，北京学联等十几个团体也组织了声势浩大的示威游行。参加游行的有2万多人，其中还有不少小学生。当时天空大雨滂沱，街道积水成河，但游行者的气势"乃因雨势而益加壮盛",连那些年幼的小学生也"大呼狂跃,全无畏怯汸污之状"。游行队伍在天安门集合后,又举行了国民大会,一致通过取消"二十一条"、收回旅大、推翻丧权辱国的军阀统治等项决议。

天津、南京、广州、济南、长沙、西安、杭州、无锡、哈尔滨、吉林等地的学生和工商各界也举行了类似的示威游行。留日学生也多次举行集会和示威。

这些斗争不仅表明了学生运动由复苏开始走向高涨,而且标志着学生运动水平的提高。他们把学生运动和工人运动开始结合起来,把反对本国封建军阀和反对国际帝国主义紧密结合起来,表明中国共产党和社会主义青年团关于反帝反封建的民主革命思想已对中国的学生运动发生了深刻的影响。许多青年学生在斗争实践中进一步认识到,单靠学生运动本身是不能成就革命的,必须"立刻接受中国共产党和中国社会主义青年团的号召,成立一条革命的平民联合战线",才能完成推翻帝国主义、封建主义双重压迫的任务。

五　在大革命的洪流中搏击

 由"废约"斗争到
国民会议运动

　　1924 年 1 月，第一次国共合作正式建立。大批中共党员和青年团员以个人身份参加中国国民党，给国民党增加了新鲜血液，同时也促进了自身组织的发展和政治影响的扩大。以国共合作为基础的革命统一战线的建立，推动国民革命运动逐步走向高涨。而废除不平等条约运动和国民会议运动则成为国民革命运动走向高涨的起点。

　　1924 年 5 月 31 日，中苏两国签订《中俄解决悬案大纲协定》。协定规定：废除帝俄与中国签订的一切不平等条约或协定；苏联放弃帝俄时代在中国划定的租界、取得的庚子赔款及领事裁判权；中东铁路除商业性质以外的一切事务概由中国政府管理。

　　中苏平等协定的签订，在中国人民中引起强烈反响，以此为契机，全国兴起大规模的废除不平等条约运动，各界青年积极投入了这场斗争。

7月13日，北京学联等50多个团体组成反帝国主义运动大联盟，宣布以"扑灭帝国主义侵略政策，废除一切不平等条约"为宗旨。大联盟还发表了《致世界被压迫民族书》，号召全世界被压迫民族联合起来，打倒帝国主义。北京学生还组织了中华学生废约同盟会。

上海、天津、武汉、湖南、山东等地的学生团体和各界人士，也纷纷组织反帝同盟，积极开展反帝废约的宣传活动。

9月3日至9日，由反帝大联盟发起全国性的反帝国主义运动周，北京、天津、上海、武汉、广州、长沙等地的青年学生和各界群众一起，举行群众大会，进行广泛的反帝宣传，"废除一切不平等条约"的口号响遍神州大地。

中国共产党和中国社会主义青年团对这一群众运动进行了积极的引导。《向导》、《先驱》发表大量文章，揭露帝国主义列强利用不平等条约侵夺中国主权、压迫中国人民的罪行，号召各界群众"快快起来，作举国一致反帝国主义的大运动，始终要达到驱逐任何帝国主义于中国领土之外"。

这次运动虽然因客观条件的限制不可能达到预期目的，但在人民群众中广泛宣传了反帝思想，对帝国主义是一次巨大的冲击。

在废除不平等条约运动中，广大青年学生和其他群众还发动了收回教育权运动和"非基督教"运动，反对帝国主义以教育和教会为工具对中国进行文化侵略。

1924 年 10 月冯玉祥发动北京政变后，全国又掀起了促成国民会议运动。

直系将领冯玉祥在推倒曹锟政府后倾向革命，并电邀孙中山北上共商国是。孙中山接受中共召开国民会议的主张，在《北上宣言》中宣布：对内要打倒军阀，召开国民会议；对外要推翻帝国主义，废除不平等条约。在国共两党的推动下，全国很快掀起促成国民会议运动的热潮。广州、上海、北京、天津、武汉、济南、南京、徐州、石家庄等地的人民团体和学生社团纷纷发表宣言、通电，拥护召开国民会议。许多省市都成立了国民会议促成会或筹备处。

青年学生和工人在这一运动中发挥了重要作用，几乎所有的学生社团都参加了当地的国民会议促成会。他们帮助出版刊物，散发宣传品，到街头巷尾讲演，宣传召开国民会议的意义。许多中共党员和社会主义青年团员，如北京的李大钊、赵世炎，上海的恽代英、向警予、俞秀松，天津的邓颖超、于方舟，江西的方志敏等，都直接参加领导了当地的国民会议运动。社会主义青年团中央机关刊物《中国青年》也发表文章指出：国民会议运动是"我们接近群众，宣传群众，组织群众的最好机会"，"在尚未组织国民会议促成会的各地方，应即迅速联络人民团体组织，其已组织者，应更谋充实其内容"。在团中央的指导下，各地青年团广泛开展宣传、组织活动，促进了运动的发展。

国民会议运动是在特定条件下出现的一次人民运动，其矛头直指帝国主义和反动军阀，因而遭到反动势力的极力破坏和反对。

1924年12月24日，段祺瑞政府公布《善后会议条例》，企图以善后会议抵制国民会议的召开，但此举立即引起全国人民的反对。中国共产党和社会主义青年团指出，段祺瑞所拟召开的善后会议，完全是第二个筹安会，是段祺瑞的御用工具。孙中山也拒绝与段祺瑞合作，并指示国民党员一律拒绝参加。但段祺瑞置人民的强烈反对于不顾，于1925年2月1日召开善后会议。

为了与善后会议相对抗，国共两党联合倡导的国民会议促成会全国代表大会于3月1日在北京召开，到会代表200多人，代表20余省区120多个地方的国民会议促成会。会议揭露了善后会议的反人民本质，讨论了国内外一些基本问题，重申了打倒帝国主义、打倒军阀的主张，要求在国民会议的基础上建立人民政权。

大会进行期间，孙中山于3月12日因病在北京逝世。国共两党和社会主义青年团在悼念活动中紧密配合国民会议运动，大力宣传孙中山"唤起民众"和新三民主义的政治主张。孙中山出殡那天，北京各校学生和各界群众20余万人送葬，实际上也是一次对段祺瑞政府的政治大示威。送葬队伍经过新华门时，愤怒的群众砸烂了善后会议的牌子。

一个月后，两个会议相继闭幕。虽然国民会议运动预定的目标未能实现，但这次运动在揭露帝国主义、封建军阀的反动面目方面，在教育和组织人民群众进一步参加革命斗争方面，起了重大作用。青年们在运动中又受到一次切实的民主革命教育。国民会议运动后不久，就出现了全国性的反帝斗争高潮。

 ## 站在五卅运动的前列

为了迎接和促进革命高潮，中国共产党于 1925 年 1 月召开第四次全国代表大会。中共"四大"明确提出了无产阶级在民主革命中的领导权问题，并强调加强对各种群众运动领导的必要性和迫切性。关于青年运动，大会指出"青年运动是共产主义运动中一部分重要工作"，"青年运动必须在共产党指导之下"。大会要求社会主义青年团要加强对青年工人、青年农民和青年学生的宣传教育和组织工作，并特别强调要使"学生运动与工人农民运动结合起来"。

根据中共"四大"精神，中国社会主义青年团在同月下旬召开第三次全国代表大会，对当前青年工作作了具体部署，强调青年团要在工农青年中"做广大的宣传"，"领导学生运动及引导学生来帮助青年工农运动"。青年团"三大"还决定把中国社会主义青年团改名为中国共产主义青年团。

中共"四大"和青年团"三大"，为即将到来的革命高潮作了思想上、组织上的准备。

1925 年爆发的五卅运动，是国民革命高潮到来的标志。在这场全国性的反帝浪潮中，青年学生和工人再一次站在了斗争的前列。

早在 1925 年 2 月，上海沪西日本纱厂工人为维护劳动权利和政治权利举行罢工，并取得了部分胜利。但日本资本家不但不履行所答应的条件，反而以停工、扣发工资报复工人。5 月 15 日，上海内外棉七厂青年工人、共产党员顾正红带领工人向日本厂方交涉，日本大班（厂长）川村竟连开数枪杀死了顾正红，还打伤十几人。顾正红惨案成为五卅运动的导火线。

事件发生后，中共中央连续发出通告，要求各地党组织"应即号召工会农会学生会及各种社会团体一致援助"。各地中共党员"应邀当地 C·Y（共青团）组织一个联席会议，下全体动员令，组织游行讲演队……向帝国主义者加以总攻击"。

上海学生响应中共中央及共青团组织的号召，积极支援工人斗争。上海学联迅速发动上海大学、文治、复旦、交大、同济、南洋等大专院校和部分中学生上街募捐、讲演，表示"誓为工人后盾"。5 月 23 日和 24 日，文治大学和上海大学的几名学生被巡捕拘捕，并在捕房中受尽非人的折磨，更激起广大学生和工人的愤慨。上海学联和全国学联分别召开会议，议决援救被捕学生，并通告各校一致出发演讲，唤起民众注意。会后发表宣言，强烈抗议帝国主义枪杀工人、逮捕学生的罪行，号召废除不平等条约、收回租界、取消领事裁判权等，把斗争锋芒直指帝国主义。

5 月 28 日，中共中央召开紧急会议，研究了关于学生上街宣传和发动社会各界反对帝国主义的问题，并决定于 30 日举行反帝大示威。

5月29日，上海学联对30日的宣传示威作了具体部署，决定组织不怕牺牲的演讲队到租界演说；联合各团体一致行动，并划定了各校的活动路线。之后学联及各校的共产党员、共青团员和积极分子紧急行动，发动学生准备标语口号，起草通电，组织纠察队、交通队、宣传队等，许多学生忙到深夜还不能入睡。他们摩拳擦掌，以满腔的激情准备迎接黎明后的战斗。

5月30日晨，在以恽代英为首的上海学联的指挥下，各校学生2000多人陆续进入租界。他们打着"学生演讲队"的旗帜，分散到租界各主要街道散发传单，发表演讲，揭露日本资本家枪杀顾正红事件的真相，谴责帝国主义逮捕工人、学生的暴行。一时间，"打倒帝国主义"、"援助罢工工人"的口号声传遍大街小巷。前来听讲演的群众越来越多，"人如蚁聚，驱之不散"。租界巡捕如临大敌，大肆逮捕讲演的学生，仅南京路老闸捕房就关押了200多人。

下午3时许，近万名学生工人汇集老闸捕房门前，要求释放被捕学生。英国捕头爱活生竟下令向示威群众开枪，当场打死13人，打伤几十人，南京路顿时鲜血遍地，这就是举国震惊的五卅惨案。

在五卅大示威中，共青团员、青年学生和工人始终战斗在最前线，表现了英勇无畏的革命精神。共青团上海地委组织主任、上海大学学生何秉彝，虽身中数弹，仍高呼"打倒帝国主义"、"中华民族解放万岁"等口号。共青团员、同济大学学生尹景伊，冒着纷飞的弹雨抢救受伤同学，不幸中弹牺牲。青年工人唐良生，自动加入游行队伍，被帝国主义罪恶的子弹击中背部，临终前还说："我因爱国而死，何痛之有？"

5月30日殉难的烈士中，除1人36岁外，其余都是20岁左右的青年，其中最小的只有15岁。英人办的《字林西报》也报道说，站在斗争前列的，"大多是上海大学的学生，另外是南洋大学的学生"。

五卅大屠杀使上海百万人民群众的反帝情绪更加激昂。当晚，中共中央和共青团中央分别召开紧急会议，决定组织广泛的反帝统一战线，把反帝斗争扩大到各阶层中去，并决定成立行动委员会，具体领导工人罢工、学生罢课、商人罢市的"三罢"斗争。

5月31日，以李立三、刘华为正、副委员长的上海总工会成立，宣布于6月1日起实行全市总罢工。在工人、学生及中小商人的推动下，犹豫不决的上海总商会也下令罢市。6月1日，以工人阶级为主体的"三罢"斗争实现了。相继有20多万工人罢工，5万多学生罢课，绝大多数商人罢市，形成中国现代史上前所未有的反帝斗争高潮。

在这场伟大的斗争浪潮中，上海青年学生充分发挥了宣传动员作用，成为共产党联络中小资产阶级和广大市民进行反帝斗争的重要桥梁。瞿秋白曾说："中国的学生运动向来总是革命潮流里的鲜花。"而这朵鲜花在五卅运动中开放得尤其绚丽。

五卅惨案和上海人民"三罢"斗争的消息很快传开，反帝斗争的狂飙迅速席卷全国。

在北京，北京学联所属的90多所学校从6月2日起一律罢课。次日，100多所学校的5万多学生举行游行示威，抗议帝国主义的暴行。5日，工、商、学等各界280多个团体组织"北京各界反对英日帝国主义惨杀同胞雪耻大会"。10日，北京各界群众20多万人举行国民大会。

在天津，6月5日各学校一律停课，并举行了5万人的示威游行。14日，又举行了10万人市民大会。

青岛、济南、大连、南京、杭州、郑州、开封、武汉、西安、重庆、吉林、哈尔滨等几十个大中城市的学生、工人、市民也都举行了各种形式的反帝斗争活动，长城内外、大江南北到处响起"打倒帝国主义"、"为死难同胞报仇"的怒吼声。

6月19日，著名的省港大罢工爆发。

据不完全统计，全国参加这场反帝斗争的群众达1700万人以上。海外侨胞和留学生也积极行动起来，声援国内人民的斗争。

历时3个多月的五卅运动沉重打击了帝国主义，锻炼和教育了中国人民。在这场群众性的反帝爱国运动中，青年工人和学生的英勇斗争，推动了各界人民的奋起，把斗争扩大到几乎全国范围的各个阶层，为这场反帝斗争的深入发展作出了重要贡献，在中国青年运动史上写下了光辉的一页。经过这场斗争的锻炼，广大青年尤其是青年学生的政治觉悟和组织程度进一步提高，打倒帝国主义和封建军阀成为广大青年的普遍要求和共同目标。中国共产党和共产主义青年团在青年中的威望日益提高。共青团和学联的组织进一步巩固和扩大。所有这些，都为中国青年运动的继续发展提供了条件。

 ## 三一八壮举

五卅运动后，全国革命形势继续向前发展。在南方，广东革命政府经过两次东征后日益巩固，其政治影响不断扩大；在北方，各派军阀势力之间矛盾重重，革命力量则在不断增长。

段祺瑞、张作霖控制的北京政府实行对内镇压、对外卖国的反动政策，不断激化与人民的矛盾。奉系军阀向东南各省的扩张，也与直系军阀孙传芳、吴佩孚发生冲突。1925 年 10 月，孙奉战争爆发，奉军节节败退。国共两党趁机掀起了全国性的反奉倒段运动。中共中央和共青团中央联合发表《对反奉战争宣言》，号召全国民众站在反奉运动的"主体地位"，积极斗争，争取达到召集真正的国民会议，建立革命统一的民主政府，以及实现关税自主，废除一切不平等条约的目的。

与此同时，中共北方区委和国民党北京执行部也加强了对群众斗争的领导。11 月 28 日，北京学生、工人和各界群众数万人齐集故宫神武门前，举行国民示威大会。29 日，更多的学生、工人和市民在天安门前举行国民大会。大会通过了"即日解除段祺瑞一切职权"、"组织国民政府临时委员会，召集国民会议"等七项决议。

连续两天的大规模示威活动，形成五四运动以后北京革命斗争的又一次高潮，沉重打击了军阀政府。

上海、开封、汉口、广州等许多地方，也进行了类似的反奉倒段斗争。

人民群众反奉倒段斗争的发展和国民军的倾向革命，引起中外反动势力的忌恨和围攻。帝国主义列强决心亲自出马，帮助军阀政府进攻国民军。

1926 年 3 月 12 日，日本派出军舰掩护奉军舰队闯入天津大沽口，炮轰国民军。国民军被迫反击，逐走日舰。随后，日本又纠集英美等八国公使，以维护《辛丑条约》为由，向北京政府发出最后通牒，提出撤出大沽附近一切防务等无理要求，限 48 小时答复，否则就以武力解决。段祺瑞政府竟准备接受八国公使提出的屈辱条件。

帝国主义的强盗行径极大地激怒了中国人民。3 月 17 日，在李大钊等领导下，北京学联、总工会等团体的代表 200 多人在北大三院召开联席会议，决定第二天在天安门前举行全市国民大会，要求严正驳斥八国的最后通牒，驱逐八国公使。会后，代表们兵分两路，一路由中共党员王一飞、安体诚带领去外交部请愿；另一路由北京学联总会党团书记陈毅率领，去国务院请愿。代表们到达国务院门前，被卫兵阻止。陈毅等正进行交涉，突然，一群手持木棍、刺刀的卫兵向代表们袭来，乱打乱刺，造成多人受伤的流血事件。当晚，段祺瑞等召集秘密会议，进一步筹划镇压阴谋。

3 月 18 日上午，北京 5000 多学生和市民在天安门前召开国民大会。主席台上挂着"反对八国通牒国民示威大会"的横幅，台中悬挂着受伤代表的血衣，上面"段祺瑞铁蹄下之学生"几个大字格外醒目。各界代表在会上慷慨陈词，愤怒声讨列强和段政府，并一致通过了反对最后通牒、宣布《辛丑条约》无效、驱逐八国公使等项决议。会后，以学生为主体的2000多群众前往铁狮子胡同执政府请愿。

下午1时半，游行请愿队伍到达国务院门前空场，这时几百名荷枪实弹的卫兵早已环立于门前，杀气腾腾。正当请愿代表与之交涉时，突然枪声大作，执政府卫队以排枪、大刀、铁棍向手无寸铁的请愿学生群众袭去，顿时尸横遍地，血染街面。当场有47人被打死，200多人受伤。在死难的烈士中，青年学生占半数以上，其中有中共党员、共青团员8人。

当天，段祺瑞政府还以"聚众扰乱，危害国家"的罪名，下令通缉领导示威的李大钊、徐谦等人。

死难者的鲜血，更加激励了革命青年的斗志，"真的猛士，将更奋然而前行"。

三一八惨案第二天，北京学联即召开紧急会议，决定次日起各校一律罢课，开展大规模宣传活动，控诉军阀的暴行，呼吁全国民众一致奋起。接着，中共中央、共青团中央、全国学联、北京学联等相继发表告全国民众书，宣布段祺瑞是"彰明昭著的卖国凶犯"，号召全国青年与各界民众"立即起来，团结、武装和革命"，"集中于广州国民政府革命旗帜之下，助成它的北伐使命"，"肃清一切卖国军阀"。各地爱国群众纷纷响应号召，以集会、通电、游行示威等方式声讨段祺瑞政府的滔天罪行，声援北京人民斗争。

3月21日，天津300多个团体召开国民大会，要求惩办制造惨案的祸首。

3月25日，上海164个团体组织"各界京案后援会"，要求废约驱段，保障民权。随后上海学生和各界群众4万多人举行了追悼三一八烈士大会。

广州、桂林、长沙、南昌等地的群众以及海外华侨和留学生，也纷纷举行各种活动，声讨段祺瑞政府的暴行，声援北京人民的英勇斗争。

中国文化思想界的著名学者鲁迅、郭沫若、闻一多、朱自清等也纷纷著文，怒斥段祺瑞政府屠杀人民的罪行，痛悼死难的爱国青年。鲁迅在当天即悲愤地写道：段祺瑞政府虐杀徒手青年的险狠行为，"不但在禽兽中所未曾见，便是在人类中也极少有的"，但"这不是一件事的结束，是一件事的开头。墨写的谎说，决掩不住血写的事实。血债必须用同物偿还"。

在全国人民的愤怒声讨声中，段祺瑞政府于4月被国民军驱逐下台。不久，冯玉祥的国民军在奉直军阀的联合进攻下被迫退走西北，北方革命运动暂时走入低潮。

但真正的革命青年并没有气馁，"真的猛士，敢于直面惨淡的人生，敢于正视淋漓的鲜血"，他们总结斗争的经验教训，开始寻求"别的方式的战斗"。许多青年学生投笔从戎，或加入国民军，或奔向他们向往的革命的广东，准备参加即将到来的北伐战争，还有许多革命青年和进步学生，在奉系军阀的白色恐怖下继续坚持战斗。

六 反对国民党新军阀的斗争

 在白色恐怖下战斗

1927 年春夏之际，蒋介石、汪精卫相继背叛革命，轰轰烈烈的国民大革命遭到失败。以蒋介石为首的国民党新军阀向共产党人、共青团员和革命群众挥起屠刀，把全国推入一片腥风血雨之中。从 1927 年 3 月到 1928 年上半年，共产党人和革命群众被杀害的达 31 万人，其中共产党人 2.6 万多人。一些地方的共产党、共青团组织遭到严重破坏。工会、农会、学生会等革命群众团体被打散。许多共产党、共青团的著名活动家相继牺牲在敌人的屠刀下。在严重的白色恐怖下，一些不坚定分子妥协动摇甚至叛变投敌，成为革命潮流中的渣滓。但真正的革命者在血与火的洗礼中却炼就了一身铮铮铁骨，无数共产党人以自己的鲜血和生命，谱写出一曲曲催人泪下的正气歌。

曾经担任湖南青年运动领导人的夏明翰，面对敌人的疯狂屠杀毫无畏惧，他在一首诗中写道：

越杀胆越大，杀绝也不怕。

不斩蒋贼头，何以谢天下。

1928 年春，夏明翰不幸被捕。就义前，他写了四句浩气长存的"绝命诗"：

砍头不要紧，只要主义真。

杀了夏明翰，还有后来人。

中国青年运动的卓越领导人任弼时在 1928 年和 1929 年曾两次被捕。敌人对他施用跪铁链、压杠子、过电刑等种种酷刑。他的脊背被强大的电流击出两个拳头大的窟窿，昏死过多次。但他咬紧牙关始终没有暴露出自己的真实身份和共产党的秘密，用鲜血保卫了党的事业。

北大学生、中共党员杨超，临刑前高声朗诵"就义诗"：

满天风雨满天愁，革命何须怕断头？

留得子胥豪气在，三年归报楚王仇！

湖南醴陵学生运动领导人陈觉，因叛徒告密而被捕，就义前他在给狱中妻子的遗书中写道："谁无父母，谁无儿女，谁无情人，我们正是为了援助全中国人民的父母和妻儿，所以牺牲了自己的一切。我们虽然死了，但我们的遗志，自有未死的同志来完成。大丈夫不成功便成仁，死又何憾！"表达了对共产党对人民矢志不渝的赤诚之心。

共青团湘潭县委书记徐宗汉，原是富家子弟，他放弃了荣华富贵的生活而投身革命。1928 年被捕后惨遭毒刑，但"除口号外，别无他语"。他 70 岁的老母悲痛欲绝，敌人企图以此引诱他背叛共青团，但徐宗汉宁肯抛下白发老母也决不背叛革命，最后英勇献身。

像夏明翰、杨超、徐宗汉这样的共产党人、革命者何止千千万万。他们在敌人面前视死如归的英雄气概，他们对共产党对人民革命事业的赤胆忠诚，足以惊天地，泣鬼神。

革命陷入低潮，全国一片白色恐怖。但"中国共产党和中国人民并没有被吓倒，被征服，被杀绝。他们从地下爬起来，揩干净身上的血迹，掩埋好同伴的尸首，他们又继续战斗了"。

1927 年 8 月 7 日，中共中央在汉口召开紧急会议，清算了陈独秀右倾投降主义错误，确定了土地革命和武装反抗国民党反动统治的总方针。接着，共青团中央在汉口也召开会议，确定今后共青团的中心任务，就是积极参加共产党所领导的土地革命和武装斗争，严密团的组织，扩大团的宣传，加强团在工农青年中的基础。此后，广大共青团员以及青年工人、农民、学生和士兵积极参加了共产党领导的各次武装起义，为创建人民军队作出了积极贡献。

与此同时，中共中央也及时提出了今后学生运动的新方针，指示各级党团组织，"切实领导学生群众参加政治的本身的和思想上的各种斗争"。政治上要"继续进行反帝反军阀的斗争"、"争得学生集会、结社、言论、出版的一切政治自由"。本身利益的斗争，则主要是指反对国民党政府摧残教育的各项措施，要求"择师自由"、"经济公开"，"反对停办和合并学校"等。思想斗争是指宣传中国革命的前途，反对一切危害革命的理论。

各地共产党、共青团组织按照这些原则，积极引导广大青年学生以各种形式开展各方面的斗争，使学生运动在反动统治的高压下逐步有所复苏和发展。

1928年春，以蒋介石为首的国民党新军阀开始"二次北伐"。日本帝国主义为阻止英、美势力向北发展，悍然出兵山东，侵占济南，5月3日制造了残杀1000多中国军民的济南惨案。

日本帝国主义的暴行引起全国人民的愤慨。北京等地的学生组织了"济案后援会"，以各种形式揭露和控诉日军的侵略罪行。

5月14日，北京各校一律停课，并于清晨6时和中午12时各击警钟一次，全体同学静默，哀悼济南惨案中的死难同胞。有的同学甚至愤而绝食，以示抗议。北大学生还发表宣言，声讨日本帝国主义侵犯中国主权、"恣意虐杀"中国人民的罪行，呼吁全国民众"群起抗争"，决不能"任帝国主义者在我国领土内残民以逞"。

国民党当局百般压制学生的爱国斗争，竟宣布济案后援会为非法。爱国学生不畏压力，公开发表文章痛斥说："在青天白日旗下，竟有人滥用'党'的权威，企图非法的解散从事爱国运动的革命团体，这是怎么一种愚妄而荒谬的举动！'不准革命'，阿Q时代的怪剧，又重新映演了。"

为了加强对学校的控制，压制学生的爱国活动，国民党政府在1928年宣布试行"大学区制"，拟将北京大学、北师大等9所国立大学合并为"北平大学"。此举引起了各校师生的强烈反对，他们纷纷成立复校委员会、救校敢死队、武力护校团等组织，保卫学校，反对接收。

11月29日，北大数百名同学高举着"反对大学区"、"北大独立"等旗帜，来到怀仁堂西门，捣毁了"北平大学校长办公处"，劈碎了"大学办公处"和"大学委员会"的牌子。

在企图进行"武力接收"的同时，反动当局还对北大等校实行经济封锁，停发教育经费。广大师生不畏强暴，坚持斗争，终于迫使国民党政府于1929年6月宣布取消"大学区制"。

在此期间，武汉、南昌等地的学生，也开展了反对合并学校、反对甄别审查的斗争。

1928年冬，在东北地区又爆发了以青年学生为主体的反对日本帝国主义强行修筑"满蒙五路"的斗争。

是年夏秋，日本帝国主义为了独占东北，要挟东北军阀政府接受其修筑"满蒙五路"的无理要求。

消息传开后，东北人民极为愤怒。哈尔滨工业大学、医专、法大等校的学生首先行动，成立了"哈尔滨学生保路联合会"。11月9日，哈尔滨学联组织哈工大等校 5000 多人举行了全市学生抗路示威大会。

哈尔滨学生的反日斗争，很快得到东北各地青年学生和民众的响应，掀起了一个反对日本帝国主义的波澜。

次年 11 月，哈尔滨等地学生为纪念抗路示威大会一周年，再次举行了大规模示威活动。

如果说，1928 年当蒋、桂、冯、阎联合进行"二次北伐"时，许多青年和学生对新军阀还抱有幻想的话，那么，通过上面这些斗争，他们已经擦亮了眼睛，逐步看清了蒋介石国民党对外妥协、对内镇压的反动本质，开始渴求"在这黑暗混沌的社会里，寻找一点点光明"，寻找"灿烂的红星"，表现了国统区青年的新觉醒。

正当国统区青年运动走向复苏之时，中国共产党的领导机关连续出现"左"倾冒险主义错误，给青年运动的健康发展造成了极其严重的影响。"左"倾路线的指导者无视革命处于低潮的现实，错误地认为全国革命高潮将马上到来，要求各大中城市的党团组织发动少数骨干举行毫无胜利希望的暴动、罢工、罢课、示威游行和飞行集会等，结果使革命力量遭到严重损失。

1930 年，上海总行动委员会发动了"红五月"运动。5 月 1 日，上海工人学生一万多人在南京路举行大规模示威游行。他们高唱《国际歌》，高呼"打倒帝国主义"、"打倒国民党"等口号，并散发了大批传单，当天就有不少人被捕。此后飞行集会、政治示威接连不断，几乎每个节日、纪念日都要游行示威，使许多革命骨干很快暴露，许多基层共产党、共青团组织被破坏。共青团组织由于合并到"总行委"，团的组织活动也被迫停止。

1931年王明等人上台后，更是强调所谓"进攻路线"，使革命力量继续遭受重大损失。

直到1935年纠正了王明"左"倾机会主义错误并确立了抗日民族统一战线的正确方针以后，国统区的青年运动才步入健康发展的轨道。

 ## 为保卫红色政权而斗争

大革命失败后，中国共产党吸取失败的经验教训，及时转变了党的政治路线，开始了土地革命和武装反抗国民党反动统治的新时期。

从1927年8月到1928年春，不屈的共产党人领导了大小上百次武装起义。这些起义有的在敌人的凶残镇压下很快失败了，有的则坚持下来，逐步建立了自己的根据地。到1930年夏天，中国共产党人先后建立了15块农村革命根据地，红军发展到30万人。

在创建和巩固根据地的斗争中，包括共青团员在内的广大青年成为一支最有生气的力量。他们勤奋学习，努力工作，勇敢战斗，为建设和保卫红色政权作出了出色的贡献。

在中央革命根据地和其他红色区域，中共党和苏维埃政府都非常重视青年工作，几乎每次苏维埃代表大会，都把青年工作作为重要议题之一。作为共产党的助手和后备军，共青团的组织也随着红军和根据地的发展而不断壮大，到 1930 年 10 月，革命根据地的团员发展到 10 万余人，并建立和健全了各级团的委员会，为根据地青年运动的发展提供了有力的组织保证。

根据地的青年组织，除共青团外，还有在共青团直接领导下的少年先锋队（简称少先队）。按照《苏区少先队组织条例》规定，少先队"是劳苦青年工农群众军事化的组织，是共产青年团的辅助组织"，"是红军的后备军及第一个助手"。凡 16 岁到 23 岁的男女劳动青年均可自愿报名参加。少先队的主要任务是："巩固和扩大苏维埃和红军，参加土地革命和反帝斗争"；"配合红军（或赤卫军）作战"；"拥护与实行苏维埃政府的一切法令，积极参加苏维埃工作"；等等。

根据地各级党政军领导对少先队工作都很重视，中共中央和毛泽东多次发出加强赤卫军和少先队建设的指示，中央军委副主席周恩来还曾亲自担任少先队中央总队部的总党代表。许多县委书记或军事部长也兼任少先队的党代表。在党团组织的亲切关怀和培育下，中央根据地的少先队几年间就发展到 30 万人。

为使少先队真正成为红军的可靠后备军，在少先队中还组织了模范少先队，由身体强健、政治军事素质好的 18 岁以上男性青年组成。模范少先队是工农红军的主要后备兵源，并经常单独或配合红军及赤卫队在本地或外地作战，中央根据地模范少先队曾发展到 10 万多人。

此外，各根据地还建有共产主义儿童团等组织。

苏维埃区域的青年运动，主要围绕土地革命、武装斗争、根据地建设等党的中心任务来进行。在土地革命中，共青团、少先队成为党推动土地革命的有力助手。各级团组织和少先队积极宣传党的土地革命政策，发动群众，组织群众，并教育青年站稳立场，站在土地斗争的前列。许多青年积极检举和搜集土豪劣绅的材料，带头参加反霸清算斗争。团组织和少先队发动广大青年维护社会治安，监视土豪劣绅和一切反动分子的一举一动，严防他们破坏土地革命。共青团员、少先队员还积极帮助政府调查人口，清丈土地，分配斗争果实等等，成为土地革命的骨干。在广大劳动青年的积极参与下，苏区出现了"分田分地真忙"的大好景象。

在根据地的经济建设和拥军优抗方面，共青团、少先队和儿童团也发挥了重要作用。由于国民党军的不断"围剿"和经济封锁，根据地的财政经济极为困难，柴米油盐布等各种物资都极端缺乏。为了克服困难，战胜敌人，党团组织号召广大青少年努力生产，多种一棵菜，多打一升豆、一斗粮，支援红军打胜仗。广大青年热烈响应党的号召，积极投入生产运动，开展劳动竞赛。

鉴于敌机白天骚扰频繁，共青团、少先队还组织了夜间生产队，在夜里耕种和收获。团员青年还带头组织劳动互助组，进行生产自救，不让寸土放荒。

由于大批男青年参加红军和各项革命工作，青年妇女就成了生产支前的主力军。她们响应"男参军，女支前"的号召，走出家门，努力学习掌握各项生产技术，出色地完成了增加生产、支援前线的任务。

团员青年还带头响应党和政府的号召，积极参加节省运动。他们宁肯自己饿肚子，也要尽可能多节约一些粮食和铜板，支援给红军。在1934年中央根据地开展的"节约三升谷运动"和认购战争公债运动中，各地的共青团、少先队、儿童团都超额完成了任务，有力地支援了红军在前线的作战。

为了使红军战士免除后顾之忧，安心在前线杀敌，根据地广大团员青年努力做好拥军优属工作。共青团、少先队发动青年组织包耕队和代耕队，帮助红军家属耕田做农活。许多青年妇女组织了"扩红突击队"、民歌队、慰劳队、服务队等，动员男青年参加红军，慰劳红军战士，帮助红军家属担水、砍柴、洗衣等等。儿童团则组织了看牛队、看水队，替红军家属看牛、管水。1931年，共青团中央还发起"共产青年团礼拜六"活动，发动广大团员、青年每周抽出一天时间无偿地帮助红军和红军家属做好事、搞生产。

根据地青年开展的这些活动，极大地激励了广大红军指战员的斗志。正如当时一首歌所唱道的："共产青年团发起礼拜六，帮助红军多做半天工。看那前方的炮火连天，敌人挣扎想把狗命延。勇敢，勇敢，冲上前去杀敌。阶级战士莫愁供应少。努力，努力，勇敢冲锋杀敌，最后胜利属于我们的。"

动员广大青年参军参战，保卫红色政权，是根据地青年工作的中心任务。1930年以后，蒋介石不断调兵遣将，对革命根据地连续发动了一次又一次反革命军事"围剿"，结果连遭挫败。在严酷的反"围剿"战争中，根据地的共青团员、少先队员积极配合红军作战，用鲜血和生命保卫红色根据地。

在中央红军第一、二、三次反"围剿"中，仅江西宁都县的赤少队等地方武装，配合红军作战就达20多次，参加人数达16万多人。1932年六七月间，中央红军进行第三次反"围剿"作战时，江西万安、泰和地区的少先队动员了模范队一个团，配合红军在敌后打游击战，并把狼狈逃窜的国民党蒋鼎文师残部500多人围歼在泰和沙村附近。当时任少先队中央总队长的张爱萍曾赋诗赞曰：

> 风雨飒飒夜，雷电闪闪明。
> 万泰少先队，配合铁红军。
> 夹岸布地网，截去蒋贼兵。
> 梭镖换钢枪，沙村扬威名。

1933年在中央红军第四次反"围剿"作战中，少先队模范队两个团，直接在宜黄、乐安一带配合红军作战，一举歼敌3个师，生俘敌师长两名，张爱萍在一首诗中记载了当时的战果：

> 蒋匪豺狼四十万，横行宜黄劫乐安。
> ……
> 少年先锋模范队，配合红军把敌歼。

活捉敌酋陈时骥，师长李明喂野犬。

少先队等青年群众武装组织，不仅直接配合红军作战，而且担负了繁重的战勤任务。在前三次反"围剿"斗争中，仅江西宁都县的赤少队参加运输队、担架队的就达2.8万多人。在第四次反"围剿"作战中，江西的龙冈县，在短短3天内就集中了1300多名赤少队员，完成了削竹钉和挖战壕的任务。永丰、乐安、广昌等地的赤少队，也在短时间内完成了守炮垒、修工事、搞运输等任务。

广大女赤少队员，除和男同志一样，参加站岗放哨、传递情报、盘查行人、监视土豪劣绅、救护伤员外，更是把做军衣、军鞋当做自己光荣的任务。她们拿出自己的针线、布料，用灵巧的双手为红军战士缝制了成千上万的单衣、军鞋，以表达支援红军的愿望。正如她们所唱的：

> 手拿布块崭崭新，做成军鞋送红军；
> 红军穿着蛮合适，更加勇敢杀敌人。

在保卫根据地的斗争中，广大青年积极响应党的号召，踊跃参加红军。各地共青团、少先队都开展了参军竞赛活动，到处出现了父送子、妻送郎、兄弟相争当红军的动人事迹。模范少先队更是一马当先，经常整连整团地加入红军。"当红军去！到前线去！"成为当时共青团员、少先队员最响亮的口号。

1933 年，瑞金县 4 个团的少先队参加红军后，又有 20 多个连集体参加红军，县模范师也被集体编入红军。这样，全县一个月中就有 3 万多人参加红军，被评为扩红模范县。

同年 5 月，共青团中央发出了"创立少共国际师"的号召，中央苏区的扩红运动更是热火朝天。各县的共青团员、少先队员在当地团干部的带领下，高举红旗，手拿梭镖、长枪，成群结队地向宁都集中，不到 3 个月，就有 1 万多人参加"少共国际师"，其中党团员占 70% 以上，战士平均年龄只有 18 岁。

9 月 3 日，这支年轻的红军队伍接受了中央军委的检阅，誓师出征。中央军委副主席周恩来在授旗时勉励他们说："要爱护你们的光荣的战斗的团旗，英勇奋斗，把它插遍全中国！"

少共国际师没有辜负党和人民的希望，在以后的反"围剿"作战中英勇顽强，屡立战功，后来又参加了二万五千里长征，在中国青年运动史上写下了光辉的一页。

主力红军长征以后，国民党军对革命根据地进行了疯狂的烧杀抢掠，几十万共产党员、共青团员和革命群众倒在血泊中。但留下来的党团员和少先队员没有被反革命的白色恐怖所吓倒，他们在共产党的领导下走进深山密林，开始了艰苦卓绝的游击战争。在同中共中央失去联系并被敌人分割封锁的极端困难条件下，他们克服重重艰难险阻，保存了自己的力量和阵地，并最终迎来了抗日民族解放斗争的新时期。

七 吹响民族解放的号角

 青年抗日救亡运动的勃兴

　　1931 年 9 月 18 日深夜，日本驻中国东北的侵略军——关东军自行炸毁柳条湖附近的一段铁路，反诬中国军队所为。以此为借口，关东军突然攻占东北军驻地北大营和沈阳城。随即在 4 个多月的时间内占领东北全境。这就是举世震惊的九一八事变。

　　日本帝国主义的侵略计划之所以轻易得逞，主要是由于蒋介石国民党实行不抵抗政策所致。九一八事变发生后，南京政府竟电告东北当局，要东北军"绝对抱不抵抗主义"，"暂取逆来顺受之态度，静待国际公理解决"。在不抵抗政策的束缚下，东北军十几万官兵不战而退入关内，使东北百万平方公里的大好河山，迅速沦于日本帝国主义的铁蹄之下。

　　日本帝国主义的侵略暴行和南京政府的不抵抗政策，激起了全国各界人民的无比激愤，神州大地迅速掀起抗日救亡运动的高潮。

　　在九一八事变后，中共中央、共青团中央和中央工农民主政府连续发表宣言，要求各级党团组织发动群众"进行广大的反对日本帝国主义的暴行的运动"，"实行反帝运动中的下层统一战线，和吸收广大的小资产阶级的阶层参加争斗"，并应特别注意加强学生的工作。

全国各界民众团体也纷纷发出通电，抗议日本帝国主义侵略暴行，呼吁国民党"立息内争，一致御侮"。全国各大中城市纷纷召开各界抗日救国大会，举行游行请愿，其参加阶层之广、规模之大都是空前的。南京、北平、上海举行的抗日救国群众大会，参加人数达十几万以上。

在这次抗日救亡运动的浪潮中，青年学生再一次发挥了先锋和桥梁作用。从九一八事变爆发的第二天起，上海、北平、南京、天津、杭州、长沙、武汉、西安等十几个城市的成千上万的学生，纷纷举行罢课游行，组织抗日救国会、救国义勇军、国货调查团和抗日讲演队等，发表通电和宣言，声讨日军侵华罪行，呼吁全国同胞奋起反抗，强烈要求国民党政府出兵抗日。

9月20日，北京大学学生呼吁"速息内战，一致抗日，并望我国民众实行武装，誓作政府后盾"。9月27日，北平学生抗日救国联合会发表《告全国民众书》，指责国民党政府乞求国联公判是"弱软无效，坐以待毙的政策"，主张工、农、兵、学、商各界"组织起来"，"联合起来"，"武装起来"，"以群众的力量驱逐日军出境"，"打倒勾结日本帝国主义的走狗"。

南京一些大学生组织的反日救国十人团，每天在日出时指天发誓："誓以热血，誓以赤心，誓以志诚，牺牲一切，以扑灭侵略我祖国之敌人，以复兴我光华灿烂之祖国。"

随着东北事态的日趋严重，广大青年学生对国民党政府的不满也与日俱增。各地学生纷纷行动起来，向当地政府或国民党最高当局请愿。

9月27日，上海、南京两地学生5000多人冒着倾盆大雨，步行赴国民党中央党部和国民党政府请愿。在外交部，几个学生在一间办公室找到外长王正廷，要求他出去接见学生。王不但拒绝接见，反而骂学生"胡闹"，学生们怒不可遏，打了王正廷，捣毁了他的办公室。此后，涌向南京请愿的学生仍络绎不绝。与此同时，国民党内的反蒋派也趁机攻击蒋介石的不抵抗政策。

在内外压力下，蒋介石被迫在11月的国民党四全大会上表示将"亲自北上，首赴国难"。广大学生随即掀起"促蒋北上"运动。

11月26日，上海、南京、天津、杭州、无锡等地学生2万多人联合向南京政府请愿，要求蒋介石迅速北上，并签署出兵日期。学生们还在南京政府门前高悬警钟，轮番敲打，表示"不答应出兵日期，誓死不离开此地"。当晚，南京天气骤冷，请愿学生站立于凄风苦雨之中，个个斗志昂扬。

慑于压力，蒋介石次日只好出来接见学生，欺骗说："3个月内如不出兵，当杀蒋某之头以谢天下。"但蒋介石很快自食其言，仍大唱其"攘外必先安内"

的滥调，并警告学生"勿越法纪"，其"北上抗日"的骗局暴露无遗。

12月初，北平学生得知国民党政府又向国联提议拟将锦州划为"中立区"，由列强"共管"的消息后，遂由北京大学发起，组织南下示威团奔赴南京请愿。

12月5日，北大示威团在南京街头举行示威，沿路高呼"打倒日本帝国主义"、"中华民族解放万岁"等口号，并散发大量传单。当游行队伍走到成贤街时，突然遭到军警阻拦和围攻，当场被打伤33人，被捕185人。被囚禁的同学毫无畏惧，他们在牢房中自编歌曲，向反动派示威：

> 北大！北大！一切不怕。摇旗呐喊，示威南下。
>
> 既被绳绑，又挨枪把。绝食两天，不算什么！
>
> 作了囚犯，还是不怕。不怕！不怕！北大！北大！

事件发生后，南京、上海、杭州、广州等地的学生立即纷纷声援，更大规模的示威活动继之而起。

12月7日，上海各校学生1.5万人举行大规模示威，抗议国民党当局压迫学生爱国运动。

12月8日，广州中山大学、武汉大学和北京大学的学生代表华南、华中、华北三地区的学生在南京举行大示威。

12月9日，上海学生、工人1万多人，包围了国民党上海市政府，抗议国民党特务绑架由南京来上海汇报情况的北大学生代表，迫使市政府释放拘捕的学生，交出绑架凶手。上海学生还组织民众法庭，公审凶手，并捣毁了国民党上海特别市党部。

12月15日，各地学生到国民党中央党部请愿示威。蒋介石一面推出考试院院长蔡元培和京沪卫戍司令陈铭枢面见学生，一面又调军警图谋镇压。17日上午，汇集在南京的各地学生3万多人举行声势浩大的联合总示威。"出兵抗日，收复失地"、"打倒日本帝国主义"、"反对压迫救国运动"、"打倒不抵抗政策"等口号声震撼着整个石头城。愤怒的学生砸碎了国民党中央党部大门上的党徽，捣毁了中央日报社。国民党军警对手无寸铁的学生进行血腥镇压，有30多人被打死，100多人被打伤，爱国青年的鲜血染红了珍珠桥。当晚，国民党当局又派出大批军警到中央大学等地搜捕学生，并武装押运各地学生返回原地。

珍珠桥惨案发生后，各地民众纷纷举行抗议声援活动。12月24日，上海学生、工人和市民10万多人举行追悼死难烈士大会，并举行了抬棺示威游行。

1932年1月下旬，日本帝国主义又在上海燃起侵略战火。驻守在上海的十九路军官兵在全国抗日热潮的推动下奋起抵抗，开始了英勇的一·二八淞沪抗战。

一·二八事变发生后，中共中央发出指示，要求上海党组织积极领导反日斗争，除扩大反日群众组织外，必须立即通过义勇军的组织形式，把民众武装起来，并组织慰劳队、看护队、运输队、交通队等支援十九路军抗战。在共产党、共青团组织及工会、学联等团体的领导下，上海青年工人、学生、店员等积极参加义勇军、敢死队、救护队、运输队等。除以青年工人、学生为核心的上海民众反日救国义勇军外，规模较大的义勇军还有复旦大学义勇军、冯庸大学义勇军、中央大学义勇团、市商会童子军团、上海市民义勇军、邮工义勇军等，义勇军总数达 5000 人以上。

义勇军不仅担任战地救护、后勤运输、后方宣传、修筑工事等任务，有时还直接参战，配合十九路军作战。他们在战火纷飞的战场上与十九路军官兵并肩作战，奉献出全部精力甚至鲜血和生命。他们在自编的《义勇先锋歌》（用《少年先锋队歌》的曲调）中唱道："跑上前去呀！国难当头，同胞们奋斗！用我们的赤血和黑铁开民族的路，勇敢向前，努力杀敌！要高举中华民族旗帜，我们是抗日救国义勇先锋队！"

淞沪抗战的隆隆炮声再次激起全国青年和各界群众的抗日热潮。他们或组织义勇军、敢死队奔赴上海助战，或通过募捐、示威游行等活动，声援上海抗战。

东北冯庸大学义勇队、南京中央大学的铁血军团等，在前线参战时英勇顽强，奋不顾身，为淞沪抗战立下了功勋。许多女青年积极为十九路军赶制军衣，她们在军衣上还绣上"奋勇杀敌"、"奋勇上前"等口号，鼓舞官兵们的士气。

全国人民的大力支援，极大地激发了前线将士的斗志。他们与敌人浴血奋战，迫使日军三易主帅。但由于国民党政府执行"攘外必先安内"的反动国策，拒绝增调援兵，并与日军大开谈判，使淞沪抗战最后失败。

九一八事变以后蓬勃发展的抗日民主运动，提高了全国民众特别是广大青年的民族觉悟，揭露了国民党蒋介石不抵抗政策的本质，有力冲击了国民党的反动统治，从而引起了国民党当局的恐惧和仇视。

一·二八抗战以后，以蒋介石为首的国民党统治集团加紧镇压人民的抗日民主运动，大肆搜捕共产党员、共青团员和抗日积极分子，使蓬勃一年之久的抗日民主运动趋于低落。但包括广大青年在内的人民抗日斗争仍在继续着，正如鲁迅所说，"好像压在大石之下的萌芽一样，在曲折地滋长"。"无声的中国"，必将再度发出抗日救亡的最强音。

从一二·九到一二·一六

日本帝国主义稳定了在东北的殖民统治以后，又得寸进尺，向关内进逼。

1933 年，日军攻入热河和冀东，迫使国民党当局签订了丧权辱国的《塘沽协定》，划冀东为"非武装区"，使华北门户洞开。1935 年，日本帝国主义以中国破坏《塘沽协定》为借口，向南京国民政府提出对华北统治权的无理要求，并调大批日军入关，迫使国民党当局相继与之签订了《秦土协定》、《何梅协定》，攫取了冀察两省的大部分主权。接着，日本侵略者又加紧策划"华北五省自治运动"，妄想把华北变成"满洲国第二"。日军和汉奸在北平、天津等地恣意横行。离北平仅 20 公里的通州也挂起了"冀东防共自治政府"的牌子。华北危在旦夕！"中华民族到了最危险的时候"。北平学生沉痛地说："华北之大，已经安放不下一张平静的书桌了！"一股强烈的民族危机感在广大青年学生的心中涌动。

在民族危机日益深重的历史关头，中共中央于1935 年 8 月 1 日发表了《为抗日救国告全体同胞书》（即《八一宣言》），提出了停止内战，一致对外，建立抗日民族统一战线，成立抗日联军和国防政府，组织全民族一切力量反对日本帝国主义侵略的主张。同年 10 月，中央红军克服重重艰难险阻胜利到达陕北。

中共《八一宣言》和红军长征胜利的消息传到北平、上海等地后，在人民群众中立即引起强烈反响。由李常青、彭涛、周小舟等组成的中共北平临时工作委员会因势利导，进一步加强青年学生工作。11 月 18日，成立了北平学生联合会。此后，中共北平临时工委和北平学联多次召开会议，决定发动一次抗日救国运动。

正在这时，传来了一个令人震惊的消息：国民党当局将于 12 月中旬在北平成立半独立性的"冀察政务委员会"，以适应日本方面的某些要求。北平学联当即决定，在 12 月 9 日，发动北平各校学生向国民党政府请愿，反对冀察政务委员会的成立。

12 月 9 日，中国青年运动史上又一次具有重大历史意义的事件爆发了。这天清晨，北平各大中学校学生数千人冲破军警阻拦，从四面八方涌向新华门，向国民党军事委员会北平分会代理委员长何应钦请愿。但新华门紧闭，门前几百名军警戒备森严，如临大敌。各校学生代表经过协商，提出反对防共自治运动，公布中日交涉经过，保障人民言论、出版、集会、结社自由，停止内战，一致抗日等六项要求，要求何应钦当面答复。但害怕群众的何应钦早已躲到西山，派来的参谋长则百般敷衍搪塞。学生们气愤地举拳高呼："武装保卫华北！""收复东北失地！""反对华北自治！""打倒日本帝国主义！""打倒汉奸卖国贼！"雄壮激昂的口号声此起彼伏，响彻古城上空。

请愿无效，学生们遂决定进行环城游行示威。游行队伍似一股钢铁洪流，在北平的主要街道上奔泻，每到一地，便有许多学生、市民加入进来，当队伍经东华门向王府井进发时，已是四五千人的大军了。在王府井南口，大队军警用棍棒、枪托和高压水龙殴打和喷射学生。学生们奋不顾身，冲上前去与军警搏斗，有100多人受伤，30多人被捕。傍晚，当学生队伍回到北大三院时，许多人的湿棉袄冻成了冰块。同学们愤慨地说："我们看清了统治者的真面目，一定要用更有力的行动来回答他们！"

"一二·九"游行以后，各校进步力量迅速发展壮大，学生们的爱国热情更加高涨。10日，各校学生实行总罢课。许多学校公开成立了学生自治会或抗日救国会，他们都期待着新的战斗。14日，有报纸透露说，国民党当局将于16日成立"冀察政务委员会"。

中共北平临委和北平学联遂决定针锋相对，于 16 日"再来一次示威游行"。北平学联遂进行了周密的部署。

12 月 16 日，各校学生纷纷冲出校门，涌上街头。他们与手持大刀、棍棒、皮鞭、水龙的军警几经搏斗，在天桥胜利会师。上午 11 时左右，3 万多学生、市民在天桥举行隆重的市民大会。学联负责人黄敬跳上一辆停驶的电车，宣布大会开始。

大会通过了"不承认冀察政务委员会"、"反对华北任何傀儡组织"、"收复东北失地"等决议案。一致要求：①誓死反对日本帝国主义侵略中国；②组织工、农、兵、学、商等各界民众共同抗日；③民众自动武装起来；④反对华北自治。会后，青年学生和与会群众举行了声势浩大的示威游行。北平当局又一次对学生挥舞镇压的大棒，这天，又有二三十人被捕，300 多人受伤。爱国青年的热血再一次抛洒在北平街头。

北平学生的英勇斗争，冲破了国民党黑暗统治的沉闷空气，传播了中国共产党"停止内战，一致抗日"的正义呼声，表现了中华民族坚强不屈的精神，显示了青年学生和人民群众的伟大力量。在人民斗争的压力下，国民党当局被迫宣布冀察政务委员会延期成立。

北平学生"一二·九"和"一二·一六"的英勇斗争，得到了全国各地学生的广泛响应和支持，短短的一个月内，全国各大中城市的学生纷纷行动起来，举行集会和示威游行，声援北平学生的爱国行动。工人、市民、各界爱国人士和爱国团体也纷纷发表宣言和通电，成立抗日救国会。抗日救亡的呼声迅速响遍全国。全国抗日救亡运动的新高潮到来了！

3 南下扩大宣传团和"民先队"

面对方兴未艾的学生爱国运动，国民党当局惊恐万状，千万百计地想进行阻挠和破坏。他们一方面下令学校提前放假，以使学运瘫痪；一方面又假惺惺地表示愿与学生"沟通意见"，要各地学校派代表到南京"聆训"，企图拉拢分化学生。学生方面对"下一步怎么办"的问题也意见不一。中共中央及时通过共青团向全国青年学生发出号召："把反日救国运动扩大起来！到工人中去，到农民中去，到商民中去，到军队中去！"

根据中共中央的指示，平津学联决定利用寒假，组组学生到农村进行抗日宣传，把学生运动扩大为广泛的民众运动。

1936年1月初，平津学联组织了南下扩大宣传团，由董毓华、宋黎、姜文斌（江明）担任总指挥，彭涛为党团书记。扩大宣传团下设4个分团，北平学生编为第一、二、三团，天津学生编为第四团。

元旦刚过，南下扩大宣传团各团就从北平、天津起程，分路沿平汉线南下。他们顶着漫卷的风沙，冒着刺骨的严寒，跋涉数百里，分头深入卢沟桥、良乡、固安、杨村、安次、高碑店、保定等地的农村，以演讲、戏剧、歌咏、座谈、访问等多种形式，向广大农民宣传抗日救亡的道理。许多学生在与农民的接触中，进一步了解到农民的疾苦，认识到农民中所蕴藏的伟大力量，许多人从此走上了与工农相结合的道路。

1月中旬，上海各大中学校的学生也组织了救国宣传团，到京（南京）沪铁路沿线的农村进行抗日宣传。广州、徐州、济南等地的学生也先后到农村开展宣传活动。

平津学生扩大宣传团在南下途中不断遭到国民党军警、特务的捣乱和破坏。宣传团员们在斗争中深感团结起来的重要性，纷纷提出应建立一个永久性的青年战斗团体。第三团被押送回北平后，首先建立了"中华青年救亡先锋团"。第一、二团则提出建立"民族解放先锋队"。

南下扩大宣传团各团在北平汇合后，中共北平市委决定将上述两个组织统一，定名为"民族解放先锋队"（简称"民先队"）。2月1日，民先队筹委会在北师大召开队员代表大会，制定了《工作纲要》、《组织系统》和《规约》等，发表了《宣言》，正式宣告了民族解放先锋队的成立。《宣言》指出，民先队的首要任务是：揭破并打击汉奸走狗的阴谋；联合一切抗日反帝力量，不分党派，在抗日救亡的旗帜下，一致团结起来。《宣言》还提出了动员全国武力、驱逐日本帝国主义出境、成立抗日救国会、铲除汉奸卖国贼等八项主张。

民先队成立后，在中国共产党的领导下，迅速发展成为全国性的革命青年组织。到1936年6月，队员由成立初期的 300 多人，发展到 1300 多人。民先队的组织不仅在国内许多城市先后建立，甚至在法国、英国、日本和南洋群岛的中国青年中也有民先队组织。队员成分也很广泛，不仅有青年学生、教师、工人、农民，甚至在国民党军队（如东北军）中也有民先队员。他们在共产党抗日民族统一战线政策的指引下，为团结教育广大青年，勇敢机智地战斗在抗日救国的最前线，成为推动全国抗日救亡运动的一支骨干力量。

 迎接民族解放战争的巨浪

以青年学生为先导的抗日救亡运动的蓬勃发展，引起了国民党统治集团的极大恐慌。他们在从内部瓦解破坏学生运动的阴谋失败后，转而采取武力镇压。

1936 年 2 月，南京政府颁布《维持治安紧急治罪办法》，随即命令军警在平津等地大肆逮捕爱国学生。当月，仅北平各校被捕学生就达 200 多人。

北平学联领导各校学生进行了反逮捕斗争，尽可能地减少损失。3 月 9 日，年仅 18 岁的河北高中学生郭清惨死在国民党监狱中，临死前他还愤愤地说："我是中国人，我要救中国！"消息传出后，青年学生群情激愤。3 月 31 日，1000 多名学生高唱《国际歌》、《囚徒歌》，举行抬棺游行，遭到军警血腥镇压，有 50 多人被捕。在这场斗争中，学生们表现得非常英勇，但也暴露出不讲策略、过于急躁等缺点。

三三一游行后，许多学生运动骨干被捕或被迫转移外地，平津地区的学生运动暂时转入低潮。

在学生运动处于艰危的关键时刻，又是中国共产党及时指出正确的方向。

1936 年春，刘少奇受中共中央委派，到天津领导北方局工作。他根据党的抗日民族统一战线的策略精神，连续发表《论北平学生纪念郭清烈士的行动》等文章，从理论和实践的结合上对"左"倾关门主义和冒险主义进行了系统的分析和批判。他指出，党的策略任务，就是要用极广泛的民族统一战线，去团聚各阶级、阶层、派别，以及一切抗日反卖国贼的分子和力量，开展神圣的民族革命战争。他要求党在领导群众斗争时，应根据当时的环境和条件，根据群众的觉悟程度，提出群众可能接受的口号、要求和斗争方式，去发动群众斗争，把着眼点放在"积蓄力量，准备决战"上。

根据刘少奇对白区工作的指示精神，中共北方局进一步加强了对学生运动的领导，尤其加强了对党员、团员和民先队员关于抗日民族统一战线政策的教育，还为北平学联充实了干部，并将其改称为"北平学生救国联合会"（仍简称"北平学联"），以有利于团结更多的青年学生，壮大青年学生的抗日力量。

在学联的领导下，各校纷纷成立各种团体，在"读书不忘救国，救国不忘求学"的口号下，开展了多种多样的活动，团结了更多的学生。进步学生还提出了"师生合作"的口号，邀请师长作报告、参加座谈会等，把许多教师、学者也团结过来。

为了争取国民党军官兵抗日，平津学生还接受刘少奇的建议，改变了对宋哲元和第二十九军的敌对态度。

5月底6月初，天津、北平学生为彻查海河浮尸事件和反对日本增兵华北及武装走私，举行了抗日救国大示威。学生们在示威中喊出"拥护宋委员长抗日"、"拥护二十九军抗日"等口号，得到了第二十九军官兵的同情，扩大了抗日民族统一战线的影响。学生们还通过慰问、联欢、发公开信等形式，向第二十九军官兵宣传抗日救国的道理。

在中共地下党和进步学生的积极影响下，第二十九军官兵的抗日情绪逐渐高涨，从而为第二十九军在卢沟桥英勇抗战播下了火种。

为了首先打开西北地区统一战线的局面，北平和西安的进步学生还积极配合共产党，对张学良、杨虎城领导的东北军和第十七路军官兵做了大量抗日宣传工作。

1936年一二月间，北平学联和东北大学学生代表宋黎、韩永赞、马绍周等专程赶赴西安，发动西安学生运动，宣传抗日救国主张。他们到西安后，多次会见张学良、杨虎城，向他们介绍爱国青年在一二·九运动中的英勇斗争，控诉日本帝国主义的罪行，宣传团结御侮、拯救祖国危亡的道理，使张、杨两将军深受感动。他们还在东北军、第十七路军官兵中进行抗日宣传活动，进一步激发了官兵的抗日救国热情。

在中共中央的积极努力和全国抗日救亡运动的推

动下，到 1936 年的上半年，红军与东北军、第十七路军的统一战线首先在西北地区实现了，从而为西安事变的爆发奠定了重要的基础。

10 月下旬和 12 月初，蒋介石率军政大员两次到西安督励张、杨"剿共"。张、杨几次向蒋苦谏，要求停止内战，一致抗日，均被蒋介石顽固拒绝。在多次苦谏无效的情况下，张、杨开始密商"兵谏"的办法。

正在这个关键时刻，西安各校学生一万多人于 12 月 9 日举行纪念一二·九运动一周年游行示威。学生们的要求在"西北剿总"、陕西省政府没有得到圆满答复，便徒步向几十里外的潼关进发，向蒋介石直接请愿。

在临潼的蒋介石得知消息后，立即下令张学良制止青年学生的爱国行动，如学生不听，就"格杀勿论"。张学良意识到一场血腥大屠杀就要发生，立即驱车亲自追赶学生队伍，劝阻学生返回，以防发生流血事件。学生们向张学良慷慨陈词，表示"我们愿为救国而流血，愿为救国而牺牲"。许多同学在演讲时激动得泪流满面。张学良深为青年学生的爱国激情所感动，当即表示："我张学良也不愿当亡国奴，也要抗日，我是跟你们站在一条战线上的。我向你们保证：在一星期之内，我一定要用事实答复你们的要求！"同学们高呼："拥护东北军抗日！""支持东北军打回老家去！"随即撤回西安城。

西安学生的纪念一二·九大游行，进一步坚定了张、杨举行"兵谏"的决心。三天后，张、杨二将军发动了震惊中外的西安事变，活捉了蒋介石及其随行大员。

经过中国共产党与张、杨的共同努力，西安事变得以和平解决。蒋介石被迫口头上答应停止内战，实行抗日。西安事变的和平解决成为转换时局的枢纽。

为适应抗日民族统一战线即将形成的新形势，在西安事变前后，中共中央决定改造共青团，共青团停止活动，而以民先队和青年救国会作为党领导下的青年抗日救亡的群众组织。

1937 年 2 月和 4 月，中华民族解放先锋队和西北青年救国会在北平和延安分别召开第一次代表大会，制定了政治纲领，加强了领导力量，决定为努力促成青年抗日民族统一战线而奋斗。

在共产党的领导和进步青年的努力下，民先队和青救会的组织迅速壮大，成为团结国统区和根据地青年进行抗日爱国斗争的核心和骨干力量。越来越多的各界青年集合在中国共产党抗日民族统一战线的旗帜下，时刻准备迎接伟大的抗日民族解放战争。

八　在抗日战争的烽火中

 奔赴抗日斗争的前线

1937 年 7 月 7 日夜，蓄谋已久的日本侵略军炮轰卢沟桥和宛平城，驻守在这里的第二十九军官兵奋起英勇还击，中国人民伟大而悲壮的抗日民族解放战争从此开始了。

卢沟桥事变的第二天，中共中央即通电全国，指出："平津危急！华北危急！中华民族危急！只有全民族实行抗战，才是我们的出路！"通电号召全国同胞团结起来，筑成民族统一战线的坚固长城，抵抗日寇的侵略。有着光荣爱国传统的广大青年响应党的号召和民族的召唤，立即积极行动起来，以各种方式投入伟大的抗日民族解放战争。

七七事变后，处在抗日最前线的平津学生立即行动起来，支援第二十九军抗战。中华民族解放先锋队、北平学联、华北各界救国联合会等团体，组成各界抗敌后援会，并发表通电，表示誓死反对日本帝国主义侵略华北，拥护英勇抗战的第二十九军保卫平津。

为支援前线将士作战，北平学联发起捐献1万条麻袋、1万件背心运动，各校学生纷起响应，踊跃捐献。在北大等校园里，学生和市民捐献的麻袋等物品很快堆积如山。许多学生还组织了救护队、宣传队和劳军队等，到前线抢救伤员，慰劳抗战官兵，极大鼓舞了艰苦抗战的第二十九军将士。一些民先队员还组成义勇队，到前线直接参加战斗，不少学生在战斗中英勇牺牲。

八一三淞沪抗战开始后，上海各界青年也立即组织起来，踊跃参加支前工作。他们组织了慰劳队、宣传队、战地服务团、募捐队、运输队、担架队、看护队等，以各种方式支援前线将士作战，给前线官兵以很大的鼓舞。广大爱国官兵浴血奋战，给日军以很大杀伤，粉碎了日军"三个月灭亡中国"的图谋，为坚持长期抗战赢得了时间。但由于受国民党当局消极防御战略和片面抗战路线的影响，北平、天津、上海、太原、南京等地很快失陷。

在国民党军队不断撤退的时候，中共领导的八路军大步挺进华北敌后，开始了中国共产党领导的敌后游击战争的新时期。

平津沦陷后，许多学生响应共产党"到敌后去，到农村去"的号召，到农村去发动群众，开展抗日游击战争。

1937年8月间，北平一些学生潜出城外，组成了第一支以学生为主体的抗日武装"平西游击队"。他们纪律严明，文武双全，许多人还穿着学生装，农民老乡都亲切地称他们为"学生军"。9月初，这支学生军智袭北平第二监狱，解救出上千名"犯人"，队伍一下子增加了六七百人。

中共北平地下党不断派党员、民先队员参加这支游击队，使这支抗日队伍很快发展到2000多人。中共党组织后来把这支游击队改编为晋察冀军区第一军分区第五支队，他们与其他抗日武装配合，开辟了平北根据地。

平津、保定沦陷后，一部分疏散到河北农村的青年学生，在北平师范大学教授、共产党员杨秀峰的领导下，组成抗日游击队，艰苦转战在太行山上，成为建设太行根据地的骨干力量。

在山西，许多平津和山西的青年学生参加了共产党员薄一波等领导的青年抗日决死队（又称"新军"）和牺盟会。青年抗日决死队是除八路军外共产党领导的又一支人民抗日武装力量，在开辟晋西北、晋东南等根据地的斗争中发挥了重要作用。青年抗日决死队在粉碎阎锡山发动的"晋西事变"后正式编入八路军。

在山东，一部分南下的平津学生、济南学生和当地农民相结合，在徂徕山建立抗日游击队。他们在当地党组织的领导下，从几杆破枪起家，广泛发动群众，武装群众，开展抗日游击战争，后来发展为八路军山东纵队第四旅，与八路军第一一五师东进部队会合，开辟了鲁西北抗日根据地。

在广东，抗战爆发后，中山大学的进步学生首先成立了青年抗日先锋队（简称"青抗先"），进行抗日的宣传组织工作。广州沦陷后,青抗先搜寻民间的零散武器,有组织地转移到东江、西江、北江,把抗日的火种撒向农村。在共产党的领导下,广东的青抗先迅速发展到几万人,他们和农民抗日武装相结合,勇敢地打击侵略者,创建了东江纵队和珠江纵队,开辟了东江抗日根据地。

在抗日战争的艰苦岁月,许多爱国青年在战火中经受了锻炼,迅速成为带领群众进行斗争的杰出人才。无数优秀青年为了民族的解放献出了年轻的生命。清华大学学生会领导人杨学诚,在武汉失守后到鄂中农村开展工作。他和陶铸一道,从 8 支步枪起家,开辟了鄂中抗日根据地,曾先后担任中共鄂中特委书记、鄂豫边区行署副主任等职务,成为鄂豫边根据地的主要领导人。他在抗日前线坚持战斗 6 年多,把自己的一切都献给了民族解放事业。1944 年 1 月,杨学诚病故于转战途中,年仅 29 岁。

曾担任过清华大学学生会主席、北平学联主席的黄诚,在抗战爆发后就参加了新四军,不久,任新四军总政治部秘书长,成为新四军政治工作的领导骨干。1941 年春,黄诚在皖南事变中不幸被俘。在集中营里,面对敌人的严刑拷打、威逼利诱,黄诚始终坚贞不屈,英勇就义时年仅 27 岁。

曾任北平中国大学学生会主席的白乙化,抗日战争爆发后在绥远组织起一支抗日武装,任司令员。1938 年,他率抗日先锋队挺进平北热河敌后,与当地抗日武装会合,神出鬼没地打击敌人,多次给敌人以重创。1941 年春，他率领部队在密云赶河厂指挥作战，不幸中弹牺牲，年仅 29 岁。由于白乙化勇敢善战，指挥有方，当地群众都称他是抗日的"小白龙"。

归国华侨姑娘李林，在北平读书时就是抗日救亡运动的积极分子。抗战爆发后她投笔从戎，在雁北地区组建了一支游击队。她率部奇袭日军军马场，用夺得的战马组建了一支骑兵营，21 岁的李林任骑兵营政委。她骑烈马，使双枪，成为威震敌胆的抗日女英雄。1938 年底，雁北成立抗日民主政府，李林任雁北专署秘书主任。翌年春，日军对雁北根据地大"扫荡"，专署机关被敌人包围。李林为掩护他人转移，率领少数同志牵制敌人，最后以身殉国，年仅 24 岁。

像黄诚、白乙化、李林这样的青年抗日英雄，在抗日战争中数不胜数。他们为中华民族的解放事业，奋不顾身，勇往直前，用自己的鲜血和生命谱写出一曲曲壮丽的青春之歌，激励着广大青年为抗日救国的神圣事业而努力奋斗。

无数的工农青年和知识青年迎着炮火走上抗日前线，不断充实着抗日的队伍，壮大着抗战的力量。在抗战爆发后的三年中，就有几十万各界青年参加了抗日军队，青年成为抗日军队的主要来源。

在敌后抗日根据地，广大青少年踊跃参加"青救会"、"青抗先"、"儿童团"等组织，积极参加根据地的各项建设和对敌斗争，成为建设根据地、保卫根据地的一支骨干力量。

在革命圣地延安

抗日战争爆发后，中国共产党高举抗日民族统一战线的旗帜，领导和影响着全国人民投入抗日战争的洪流。八路军、新四军挺进敌后，发动群众开展敌后游击战争，不断给日伪军以沉重打击，大大鼓舞了全国人民的抗战热忱。

所有这些，都使中国共产党和八路军、新四军在全国的政治影响和政治威望日益提高。中共中央所在地延安，很自然地就成为全国抗日运动的中心，成为全国人民特别是广大进步青年向往的革命圣地。全国各地的进步青年，怀抱寻求革命真理的渴望，冲破重重阻力，克服种种困难，千里迢迢奔赴延安，以期能在革命的熔炉里得到更好的学习和锻炼。

据统计，仅在 1938 年 5 月到 8 月，经八路军西安办事处转赴延安的各地知识青年就有 2288 人。他们当中有一二·九运动的学生积极分子，有国统区的进步文艺青年战士，有华侨青年和港澳青年，有归国的留学生和朝鲜、越南、日本的青年朋友，还有一些是不满国民党黑暗统治的原国民党军政人员。他们放弃比较优越的城市生活，历尽千辛万苦奔赴延安，寻救抗日救国的真理，代表着知识青年追求进步向往光明的时代潮流。正如诗人柯仲平在一首诗中所说：

> 青年，中国的青年，/延安吃的小米饭，/延

安穿的麻草鞋，／为什么你爱延安？／

青年回答：／我们不怕走烂脚底板，／也不怕路遇"九妖十八怪"，／只怕吃不上延安的小米，／不能到前方抗战；／只怕取不上延安的经典，／不能变成最革命的青年。……

对于来到延安的知识青年，中共中央和毛泽东、朱德等领导同志给予了无微不至的关怀。毛泽东在百忙中经常抽时间接见来延安的青年，与他们亲切交谈，勉励他们一定要有坚定不移的政治方向，一定要有艰苦奋斗的工作作风，号召知识青年"到工农民众中去，与工农民众相结合"。朱德也非常关心青年的成长，他曾向来到延安学习的青年赠送三件"宝贝"：镢头、枪和笔。他勉励青年们拿起镢头开荒种地，在劳动中锻炼自己，建设好边区；拿起枪来打击敌人，保卫好边区；拿起笔来学习马列主义理论和文化知识。用这三件宝贝来解放全中国。刘少奇、张闻天等中央领导也经常给青年作报告，勉励青年要加强自己的思想修养，树立共产主义的崇高理想，为共产主义奋斗终生。

由于到延安的知识青年来自四面八方，他们的阶级出身、社会经历、政治水平和文化程度各不相同，因而每个人的思想基础和觉悟程度也有很大差别。许多青年身上还存在着比较浓厚的小资产阶级意识。针对这种情况，党和边区政府为青年开办的各种学校，如抗大、陕北公学、安吴青训班等始终把政治教育作为整个教育的中心环节，用马列主义武装青年的头脑。

经过学习革命理论和党的方针政策，广大青年的政治觉悟和理论水平大大提高，他们明白了什么是阶级，什么是剥削；克服了轻视工农、轻视劳动的小资产阶级思想；认识了社会发展规律，明确了中国经由新民主主义到达社会主义的发展趋势，从而初步树立起共产主义世界观。绝大部分党外青年在各类学校毕业前，都提出了入党申请。其中许多优秀青年被吸收入党，成为无产阶级先锋队的一员。

培养艰苦奋斗的工作作风是中共中央、毛泽东对知识青年的另一个重要要求。许多青年初到延安，吃不惯小米饭，住不惯土窑洞。经过几个月的锻炼，大家很快适应了。有的人把大米掺小米煮成的饭戏称为"国共合作饭"（因为大米是从国统区运来的），把锅巴称为"马列饼干"。有些人原来在家里娇生惯养，体质很差，到延安吃了小米杂粮，身体反而壮实了。他们高兴地写信给家人，说"延安的小米养人"。

广大知识青年还响应党的号召，积极参加大生产运动。从来只会拿笔杆的手，又握起粗大的镢头，向荒山秃岭开战，开垦出大量良田。许多人还学会了纺线、种菜、养羊、养猪等，成为劳动能手。青年们手上磨出了老茧，但锻炼了革命意志，养成了艰苦朴素的好作风。

为了适应抗日战争的需要，来到延安的青年除努力学习革命理论和科学文化知识外，还认真学习军事知识，参加射击、投弹、行军宿营、侦察警戒、战地救护等军事训练，学习抗日游击战的战略战术，为他们毕业后参加敌后抗战作了必要的准备。

贺龙同志曾对青年讲过："温室里长大的花木，是经不住风吹霜打的；不经熔炉，炼不出纯钢。"延安确实像一座革命的大熔炉，无数知识青年经过这座革命熔炉的冶炼，政治上更坚强了，思想上更成熟了，作风上更过硬了，学识也更丰富了。一些原本柔弱的书生一变而成为坚强的无产阶级革命战士。

这些在革命圣地延安培养出来的有知识、有文化的年轻战士，毕业后纷纷奔赴抗日斗争的前线，参加了党、政、军、群各方面的工作，为革命队伍充实了新生力量，为争取抗日战争的胜利和后来解放战争的胜利作出了重要贡献。

国统区青年民主运动的复兴

抗战时期，国民党政府虽然在军事上进行了比较积极的抵抗，在政治上也有一些开放民主的表示，但它始终没有放弃反共反人民的立场，不但不敢发动人民群众抗日，反而对人民群众的抗日活动处处加以限制。

1938年春夏，国民党当局先后解散了西北青年救国会、西北各界救国联合会、武汉青年救国团等十几个抗日爱国团体。1939年1月国民党召开五届五中全会以后，其反共反人民的倾向进一步加强，民先队、全国学联、广东青抗先等更多的进步团体被解散，一批爱国人士和青年遭受迫害。

同时，国民党又大力发展三青团和各种训练班，在学校里大搞"党化教育"，企图把广大青年完全置于国民党、三青团的控制之下。大后方许多学校的学生自治会被国民党员、三青团员所把持。1941年皖南事变后，国民党、三青团的反共活动变本加厉。

在国民党专制统治的高压下，大后方的青年运动陷入低潮，许多青年学生处于苦闷和彷徨中。

为了撒播革命的火种，准备新的斗争，中共中央对国统区工作提出了"隐蔽精干，长期埋伏，积蓄力量，以待时机"的方针，同时要求积极开展统战工作，扩大政治影响，争取时局好转，工作重点由校外转入校内，从纯政治性活动转向学术性、福利性活动，把政治活动与学术活动、福利活动结合起来。工作对象以学生和职业青年为主。工作方法强调"勤学、勤业、勤交友"。

成都、重庆、昆明等地的地下党员和进步学生，认真贯彻中共中央的指示，通过各种方式，广泛团结同学，结交朋友，扎扎实实地积蓄力量。学校中的党员和积极分子努力搞好自己的学业，以勤奋的学风和优异的成绩在同学和教师中树立起威信。他们还大大加强了社团工作，组织各种文艺社、诗社、壁报社、美术社、时事社、歌咏社、剧社、体育会等等，通过开展各种社团活动，把有不同兴趣爱好的学生团结起来。当时西南联大、云南大学、燕京大学等学校，都有数十个社团，吸引了大批学生。他们还通过办刊物、出壁报、举办专题议论和讲演等方式，引导中间学生关心政治。

中共地下党员和进步学生通过自己扎实而细微的工作，在广大同学中逐步树立了威信，把越来越多的同学团结在自己的周围，壮大了进步力量，为青年民主运动的进一步勃兴打下了坚实的基础。

1944年，国内外形势发生重大变化。在盟军的沉重打击下，德、日法西斯正在走向灭亡，世界反法西斯战争已显现出胜利的曙光。在国内，解放区军民坚持抗战，捷报频传，中共在全国人民中的威望迅速提高，许多人开始把中国的希望寄托在中国共产党身上。与此同时，国民党的统治日趋反动腐朽。是年春开始的豫湘桂战役，国民党军弃城百余座，失地数千里。国民党军事上的溃败，经济上的巧取豪夺，政治上的专制独裁，进一步引起广大人民群众的强烈不满。国民党统治区危机四伏，怨声载道，一场新的爱国民主运动的风暴正在酝酿着。

9月15日，中共参政员林祖涵（林伯渠）在三届三次国民参政会上提出了立即结束国民党一党专政，召开各党派、各抗日军队、各人民团体参加的国是会议，组织抗日联合政府的主张，立即得到各民主党派、各界群众的响应和支持。

9月24日，各民主党派、各阶层代表500多人在重庆集会，猛烈抨击国民党的一党专政，强烈要求改组政府，给人民以民主自由。10天以后，成都进步学生的秘密团体"民主青年宪政促进会"以燕京大学学生自治会名义召开"国是座谈会",邀请张澜等著名民主人士到会演说。张澜在讲演中说,现在是大难当头,有亡国的危险。救国的办法是废止国民党一党统治,实行民主政治,组织各党派联合政府。与会的2000多名学生对张澜的演说报以热烈的掌声,并高唱起《义勇军进行曲》:"起来!不愿做奴隶的人们……"

为了更好地领导学生斗争,由"民主青年宪政促进会"的王晶垚、黄寿金、崔嵬等人发起,于11月初成立了秘密革命团体"民主青年协会"(简称"民协"),使成都的学生运动有了一个坚强的领导核心。与此同时,昆明等地的青年学生在集会中也喊出了"召开国是会议"、"组织联合政府"等口号。结束国民党一党独裁、建立抗日民主联合政府,成为国统区广大进步青年和各界群众的一致呼声。

10月31日,国民党成都市当局派大批警察镇压市立中学学生,打伤40多人,抓走40多人,造成"市中惨案"。事件发生后,民协等进步团体的成员立即行动,到各校串连讲演,控诉国民党当局的暴行,呼吁各大中学校声援市中学生。

11月11日,成都各大中学校学生近万人举行大规模示威游行。学生们一路高呼"抗议警察暴行"、"反对专制独裁"、"反对党化教育"、"保障人身自由"等口号,并向国民党四川省政府请愿,提出了"彻查并公布'10·31惨案'真相"、"严惩肇事凶手"、"查办成都市长和警察局长"等严正要求。在学生的英勇斗争和社会舆论的压力下，国民党四川省当局被迫撤销了成都市长余中英和市警察局长方超的职务。

成都学生的"双十一"大游行，冲破了几年来国统区学生运动的沉闷空气，成为国统区青年运动走向新高涨的信号。

1945 年，国民党统治区青年学生的民主斗争进一步蓬勃发展。

1 月初，一个接受中国共产党领导、以实现新民主主义为奋斗目标的革命青年秘密团体——"民主青年同盟"（简称"民青"）在昆明诞生。不久，民青在西南联大、云南大学、中法大学等校建立了分支部，并通过机智巧妙的斗争，逐渐掌握了数十个进步社团和一批系会、级会和学生自治会的领导权，为昆明学生运动的高涨奠定了组织基础。

从 2 月起，民青即领导各校进步社团向中学、职业青年开展宣传活动，通过歌咏会、时事议论会、出版秘密刊物等形式，向广大同学介绍国内民主运动的情况，揭露和抨击国民党的黑暗统治，号召广大同学投入到民主运动中来。经过中共地下党员、民青成员和民盟成员的积极工作，广大学生的政治热情日渐高涨，进步势力不断壮大。

1945 年 4 月底，中共"七大"胜利召开的消息传来后，广大进步青年备受鼓舞。民青和西南联大、云南大学等校的学生自治会，决定从 4 月 30 日到 5 月 6 日，举行一次规模盛大的五四纪念周，把昆明的学生民主运动引向深入。

5月1日，西南联大、云大、中法、英专四校学生自治会联合举办音乐晚会，与会者多达5000余人。学生们满怀激情地高唱《五月的鲜花》、《民主青年进行曲》、《怒吼吧黄河》等革命歌曲，歌声此起彼伏，《义勇军进行曲》的雄壮曲调更使与会者热血沸腾。在5月2日的诗歌朗诵会上，学生和教师同台朗诵自己创作的诗篇，鞭挞黑暗的政治，表达对民主的渴望。5月3日晚，四校学生自治会在联大新校舍东会堂举办"五四青年运动座谈会"，3000多学生把会场挤得水泄不通，连门口、窗台都站满了人。爱国民主人士吴晗教授发表讲话，他从历史讲到现实，从五四运动的精神讲到当代青年的任务。许多大中学生、青年工人也争先发言，他们要求："把我们的口号喊出学校去，变成全体人民的口号，把民主堡垒变成民主坦克冲出去！""把整个中国变成个民主堡垒"。激昂的群众纷纷要求第二天举行大游行。

5月4日，昆明各大中学校学生数千人集中在云南大学操场，举行纪念五四运动26周年大会。大会进行不久，忽然下起了阵雨，许多人想找地方避雨，会场有些哄乱。这时闻一多教授站出来讲道：2000多年前，周武王伐纣。就在出兵那天，忽然下起雨来，许多人都觉得不吉利，建议武王改期出兵。这时管占卜的人出来说，这不是坏事，这是"天洗兵"，是老天爷帮我们把兵器洗得干干净净，打敌人就更有力量了。他挥动手臂说："同学们，这是'天洗兵'，勇敢的人站过来!"听了闻一多的讲话，许多避雨的学生跑回来，队伍稳定了。

会议在通过《通电》之后开始上街游行，几千名青年穿过昆明的主要街道，一路高呼"立即停止一党专政"、"组织联合政府"、"取消特务"等口号，沿途观者如潮，并不断有工人、市民加入游行队伍中来，游行队伍由七八千人扩大到1.5万多人，雄壮的歌声、口号声震荡在春城上空。

这次大规模的五四纪念活动，是对国民党反动统治的一次公开大示威，它在社会上宣传了中国共产党的主张，唤起了更多的政治觉醒，在国统区发生了深远的影响。

五四纪念周前后，联大、云大、中法大学等校的学生自治会还分别发表《国是意见书》。西南联大的《国是意见书》写道："历史在跃进，民主在昂扬，祖国在危急中，同胞在水火里……国土连年丧失，人民惨遭涂炭。贪污已成泛滥的长流，特务作为统治的工具……"最后提出了停止一党专政、组织联合政府、取消特务活动、根绝党化教育等六项要求。

通过五四纪念周的斗争，民青和进步社团迅速发展壮大，民青在全市29所大中学校建立了分支部和小组，掌握了20多所学校学生自治会的领导权。5月中旬，在民青等进步团体的发动下，成立了"昆明学生联合会"，从此昆明学生有了自己坚强有力的公开领导机构。与此同时，成都、重庆等地的各大中学校也举行了各种形式的纪念五四活动。

民青、民协等青年进步团体在斗争中迅速成长，成为领导国统区青年民主运动的骨干力量。在他们的带领下，国统区的青年学生在抗战胜利后持续不断地掀起民主斗争的新浪潮。

九 民主与独裁的较量

 反内战、争民主的一二·一运动

1945 年 8 月 15 日，日本宣布无条件投降。全国人民沉浸在胜利的喜悦中，到处锣鼓喧天，鞭炮齐鸣。

饱尝了战争苦难的昆明西南联大等校的师生，与全国人民一样，强烈地渴望和平民主，希望在战后能建立一个独立、统一、自由与富强的新中国。

但蒋介石统治集团却逆历史潮流而动，坚持独裁内战方针，在全国恢复大地主大资产阶级的独裁统治。国共两党重庆谈判签订的《双十协定》墨迹未干，蒋介石就发布了进攻解放区的密令，要求国民党军按照他手订的《剿匪手本》，"督励所属，努力进剿"。至 10 月中旬，进攻解放区的国民党军已达 80 万人以上，关内许多地区已燃起战火。战后短暂的和平曙光，很快又被内战的阴云所笼罩。

国民党统治集团背弃《双十协定》，挑动内战的行径，遭到全中国人民的强烈反对。中共中央及时号召："全国人民动员起来，用一切办法制止内战。"各民主党派和各界人士也纷纷发表声明，呼吁和平，反对内战。国民党统治区的青年学生和各界群众很快掀起了大规模的反内战运动。

11 月 19 日，重庆各界代表 500 多人举行反内战大会，并成立了反内战联合会。成都、重庆、昆明的学生团体也纷纷发表宣言，号召"全国的同学们利用各种有效的行动制止内战"。反内战、争和平已成为广大青年学生和各界群众的一致要求。

这时，由于蒋介石以军事政变手段赶走了云南实力派龙云，派嫡系将领实行赤裸裸的军事独裁统治，激化了云南人民与蒋介石统治的矛盾，昆明的各界群众正酝酿着更大规模的斗争。

11 月下旬，中共云南工委经与西南联大、云南大学等校的党组织商量，决定以联大、云大、中法大学、英专等校学生自治会名义召开反内战时事讲演会，揭露美、蒋制造内战的阴谋，唤起群众起来斗争。

11 月 25 日晚，反内战时事讲演会如期在西南联大大草坪举行，与会的各大中学校学生达 6000 余人。在会上，钱端升、伍启元、费孝通等教授先后登台讲演，强烈要求制止内战，成立联合政府。忽然间枪声四起，子弹从会场上空呼啸而过。但与会者镇定自若，讲演在枪声中继续进行，一阵阵激昂的口号声压倒了枪声。特务又将电线割断，会场一片漆黑。学生们点起事先准备好的大汽灯继续开会。国民党特务见开枪、断电均不能破坏大会，就由一个人冒充"老百姓"强行登台讲话，大放厥词，说什么现在是"平内乱而非打内战"。台下群众嗤之以鼻，并揭破了其特务的真面目，那人当即被轰出会场。

大会在雷鸣般的掌声中通过了反对内战、要求和平的宣言和"吁请美国青年反对美军参加中国内战的通电"。讲演会结束时，全场 6000 多人齐声高唱《我们反对这个》的歌曲：

> 我们反对这个，我们反对这个。
> 这违反人民进攻人民的事……
> 要告诉你的父亲和祖母，
> 要告诉你的姊妹和兄弟，
> 要告诉你的朋友和爱人，
> 要告诉你的亲戚和邻居……
> 我们反对这个，我们反对这个！

整齐雄壮的歌声表达了广大青年学生坚决反对内战要求和平的心情。

11 月 26 日晨，国民党中央社竟造谣说："昨日西郊发生匪警，驻军当即兜捕，而匪即拒捕……"反动派竟颠倒黑白，把参加时事晚会的爱国师生诬指为"匪"，惑乱人心，更激起了人们的极大愤慨。

为抗议国民党当局的倒行逆施，经中共地下党和民青组织的秘密发动，决定举行全市学生总罢课，两三天内，参加罢课的学校即达 30 多所。28 日，各校学生成立了全市大中学校联合罢课委员会，发表了《反对内战及抗议武装干涉集会告全国同胞书》（即《罢课宣言》），鲜明地提出了立即停止内战、组织民主联合政府、保障人民民主自由权利等主张，并向国民党云南当局提出了追究射击联大的责任、立即取消关于禁止集会游行的非法禁令、保障学生身体自由、更正中央社诬蔑报道并向学生道歉等四项要求。接着，在罢委会的统一指挥下，各校组织了100多个宣传队上街宣传，揭露国民党当局破坏时事晚会的真相，抨击蒋介石的内战独裁政策，赢得了社会各界群众的广泛同情和支持。

面对青年学生和广大群众反内战运动的日益高涨，国民党云南省当局气急败坏，宣称"要以宣传对宣传，组织对组织，行动对行动"的办法破坏学生运动，必要时"采取武力制止，不惜流血"。29日、30日两天，大批便衣军人、特务、流氓打手上街行凶，殴打各校宣传队员，撕毁传单标语，一些学生被打伤。但学生们毫无畏惧，继续坚持斗争。

12月1日上午8时许，国民党特务头子查宗藩召集特务、打手训话，要他们到各校冲打学生，并准备"为党国牺牲"。上午10时，一伙便衣特务和杂色军人闯入云大校门，撕毁门口壁报标语，打伤学生多人。稍后，另一伙特务和佩带"军官总队"标志的军人亦闯入联大校门，行凶滋事，被学生逐出校门。这伙暴徒竟向学生投掷手榴弹，前去阻止的南菁中学教师于舟（中共党员）被炸成重伤，不治身亡。11时许，国民党军警便衣四五十人闯入联大师院行凶，学生们赶紧退入隔壁昆华工校，特务竟向手无寸铁的学生投掷手榴弹，联大师院学生潘琰（中共党员）、李鲁连和昆工学生张华昌中弹牺牲。

在12月1日这一天中，昆明师生死难4人，重伤29人，轻伤30多人。国民党蒋介石以刽子手的残酷和卑劣揭穿了自己所谓"民主"、"和平"的谎言，使更多的人认清了其独裁内战的反动本质。著名诗人郭沫若在《进步赞》中愤怒地讽刺了国民党当局在镇压青年学生中的"进步"表现：

> 谁能说咱们中国没有进步呢？
> 谁能说咱们中国进步得很慢？
> "一二·九"已经进步成为"一二·一"了，
> 不信，你请看，请鼓起眼睛看看。
>
> 水龙已经进步成为了机关枪，
> 板刀已经进步成为了手榴弹。
> 超度青年的笨拙的刽子手们
> 已经进步成为了机械化的好汉。
> ……

烈士们的鲜血更擦亮了人们的眼睛，它使战斗者更加坚毅。一些过去不愿过问政治的学生也坐不住了，他们纷纷跑出图书馆，投入了战斗的行列，自惨案发生第二天起，更多的学生涌上街头，用讲演、演戏、歌曲、小报、标语、漫画等多种形式，揭露一二·一惨案真相，控诉反动当局的法西斯暴行。全市中等以上学校的教师举行总罢课，各界群众也都站在学生一边，纷纷慷慨解囊，捐资援助学生的爱国民主斗争，仅联大一天内就收到捐款 200 多万元。广大学生、教师和各界群众还开展了大规模的祭奠死难烈士的活动，寄托对烈士的哀思，控诉刽子手的血腥暴行。四烈士的灵堂设在联大图书馆，烈士的棺木上悬挂着"党国所赐"四个大字，棺木旁摆着烈士的血衣，灵堂里摆满了花圈、挽联、诗歌等等。所有的挽联、挽诗、祭文都表达了对死者的哀思和对刽子手的憎恶。其中一些挽联写道：

　　四位民主战士，你们死去，你们永远不会死去；

　　一群专制魔鬼，他们将来，他们已经没有将来。

　　以学生为仇，以人民为敌，屠杀不遗余力；
　　与敌寇为友，与汉奸为朋，宽容惟恐不周。

从 12 月 2 日起，到灵堂祭奠的各界群众每天达万人左右。到 12 月 20 日累计已超过 15 万人次，占当时昆明人口的一半。捐款达 3000 万元。蒋介石、李宗黄等已成千夫所指的魔鬼。

昆明惨案的消息传开后全国震惊。各地学生、工人和各界团体纷纷集会或发表函电，抗议国民党当局的血腥暴行，慰问声援昆明学生。

12 月 9 日，重庆学生和各界代表 3000 多人举行一二·一被难师生追悼大会，沈钧儒、郭沫若、柳亚子、何公敢、邓初民主祭，郭沫若宣读祭文。祭文痛斥了国民党当局"屠民以逞"的罪行，严正表示"人民世纪，安容虎狼？公等前驱，为民榜样，誓步后尘，戡彼披猖"。柳亚子带头高呼："为死者复仇，为生者争民主。"此后三天，各民主党派和各界群众 1 万多人参加了公祭活动。

成都大中学生和各界群众也于 12 月 9 日举行追悼大会，大会的悼词说："你们的血，替我们引了路。我们郑重宣誓：我们要以毕生的精力，向黑暗宣战，反内战、争民主，让民主、自由、和平、富强的新中国挺立在地球上。"会后，5000 多名师生举行了反内战大游行。

1946 年 1 月 13 日，上海各大中学校学生和各界人士 1 万余人举行公祭于舟烈士大会，宋庆龄、柳亚子、马叙伦、郑振铎、许广平等主祭。宋庆龄送的"为民前驱"的横幅格外引人注目。会后举行了游行，"反对内战"、"反对独裁"等口号声震动上海滩。

延安、西安、贵阳、武汉、广州、南京、杭州、遵义、桂林等大中城市也都开展了群众性的声援活动。全国人民一致谴责国民党的血腥暴行。

面对如火如荼的反内战运动和即将召开的政协会议，蒋介石国民党不得不有所收敛。12 月 24 日，国民党当局被迫接受了学生提出的发给死伤者善后费用、取消不准集会的禁令、惩治有关凶犯和祸首等要求。国民党云南省代主席李宗黄调职，云南省警备总司令关麟征撤职，两名凶手在此以前也被"公审"处决。在斗争取得重大成果后，昆明40余所大中学校于27日复课。

1946年3月17日，昆明全市学生及各界代表又举行了为四烈士出殡大游行。3万多人沿昆明主要街道游行达6个多小时，这是向国民党反动当局的又一次大示威。

历时100多天的一二·一运动深刻揭露了国民党蒋介石反人民、反民主、反和平的本质，提高了广大人民群众的觉悟，使国民党反动派在政治上陷于十分不利的境地。中央日报社社长哀叹："本党已丧失人心。"而中国共产党在国统区人民群众中的政治影响日益加强。

经过这次运动的锻炼，一大批青年学生成长为民主运动的骨干。他们随学校复员迁转到北平、天津、上海、南京、武汉等大城市，把民主斗争的火种撒向各地，在解放战争时期第二条战线的斗争中发挥了重要作用。

 国统区的反内战怒潮

一二·一运动以后，和平、民主成为全国人民的一致呼声。在全国人民的强烈要求和国内外舆论的督促下，1946年1月10日国共双方签订停战协定。同日，由各党派参加的政治协商会议在重庆开幕。

为了使政协会议能达成有利于和平民主的协议，

中国共产党和民盟的代表在会内努力斗争，各界群众在会外积极督促。1月25日，经过新民主主义青年社的秘密发动，在重庆的中央大学、重庆大学等十几所大中学校的师生1万多人举行请愿游行。他们高举着"反对内战"等标语，高呼"政协会议只许成功不许失败"等口号，并向政协会议提出了政治民主化、军队国家化、国大代表必须合理产生、严格执行停战令、实践四项诺言等对国是的主张。

政协代表孙科、周恩来、陈启天等接见了请愿学生，表示接受学生代表的意见。周恩来特别表示，完全同意学生的七项要求，并愿意和大家一起为之而奋斗。

这次请愿示威充分表达了民意，给阴谋发动内战的独裁者以巨大压力，为促进政协会议的成功发挥了作用。《新华日报》称赞重庆学生的"一二·一五"请愿示威是一次"民主的大进军"，"继承了五四以来学生运动的光荣传统"。

经过会内外民主进步势力的积极斗争，政协会议通过了《和平建国纲领》等五项协议，表达了人民群众渴望和平、民主的意愿。但国民党内的反动派却认为这次会议使国民党吃了大亏，千万百计地破坏政协协议。1946年2月10日，国民党重庆市党部策划了较场口事件，派特务暴徒破坏重庆各界庆祝政协成功大会，殴伤大会主席团成员李公朴、章乃器、施复亮等多人。

国民党的倒行逆施激起了广大青年学生和各界群

众的愤慨。事件发生后，重庆、成都、昆明等地的学生和群众分别举行了万人大游行，抗议国民党迫害民主人士的暴行。上海、武汉、广州、北平、香港等地的学生和各界人士也纷纷集会抗议。

这些抗议活动再次宣传了政协会议和平、民主的精神，给坚持独裁内战政策的国民党蒋介石又一次棒喝。

为了破坏和平民主的局面和政协会议精神，国民党在2月间掀起了一股反苏反共逆流，煽动反苏游行。进步学生在中共地下党组织的领导下，对国民党进行了坚决的抵制和斗争。

2月24日，燕京大学拒绝参加反苏游行，组织学生郊游。反动暴徒捣毁了校学生自治会办公室，全体学生罢课一天，以示抗议。

在昆明西南联大，被国民党分子把持的法学会定于2月25日举行东北时事讲演会，企图煽动反苏反共情绪。昆明学联立即在联大校本部张贴告示，声明此讲演会与学联无关，一些受蒙蔽的同学见此纷纷溜之乎也。

在重庆，学生中的中共党员和积极分子也参加到游行队伍中，因势利导地提出了"反对秘密外交"等口号。由于苏联推迟撤军是国民党政府主动要求的，而他们又不敢透露这一真相，从而使国民党当局陷于非常狼狈的境地。这样，这场游行就变成了向国民党外交当局的请愿。

在上海，市学生团体联合会筹备会经过激烈辩论，否决了三青团分子提出的口号，通过了"要求政府立即公布东北问题真相"、"用和平民主方法解决东北问题"、"要求所有外国驻军立即撤退"等真正代表学生意愿的 10 点要求。在中共党员力量较强的东吴大学、建承中学等校，学生自治会事先请进步教授作报告，使学生们明了东北问题真相后，不再上当受骗。

在中共地下党员和进步学生的抵制和斗争中，国民党在许多地方煽动的反共活动均遭挫折，有的被迫草草收场。

通过这场斗争，受欺骗的学生纷纷觉醒。曾在重庆中央大学参加过反苏游行的 35 名学生事后致书《新华日报》说："上一次当，学一次乖，阴谋家的嘴脸被我们看得清楚了。"

1946 年春，蒋介石不断破坏停战协定，派大批军队进攻解放区，并抢夺东北地盘，形成关内小打、关外大打的局面。面对国民党蒋介石企图挑起全面内战的情势，各民主党派、人民团体纷纷发表声明，呼吁停止内战，实现和平民主。上海等地的学生、工人和各界人士掀起了一个反内战、争和平的群众运动。

6 月 16 日，上海学生团体联合会与学生总会联合举办"尊师庆功大会"，全市大中学校有 5000 多学生参加，爱国民主人士郭沫若、马叙伦、林汉达等也参加了会议。郭沫若在讲演时分析了教师待遇低下、生活贫困的原因，指出这是大量扩军备战造成的。他提出大量裁军，"立即停止内战，把庞大的军费用到国家建设上来，用到教育上来"的要求，赢得了全场热烈的掌声和欢呼声。与会者高呼"裁减军费，反对内战"、"反对内战，争取和平"等口号，"尊师庆功大会"变成了"反内战示威大会"，出席会议的市教育局长和三青团头目见势不好，在学生的"反内战要和平"的怒吼声中灰溜溜地退出会场。

几天以后，上海大中学校150多个学生团体发起成立了"上海学生争取和平联合会"，发表宣言，要求永久停止内战，美军撤出中国，并开展了反内战签名运动。青年学生的反内战活动，得到了各界群众的积极响应，成千上万的人参加了反内战签名。

与此同时，重庆、昆明、杭州、苏州等地的青年学生和各界群众也开展了各种反内战活动。

鉴于蒋介石加速发动全面内战的紧迫形势，上海各界人民团体推举马叙伦、黄延芳等9名各界人士和陈震中、陈立复两名学生代表组成上海人民和平请愿团，于6月23日赴南京请愿。是日上午，中共党组织发动100多所学校的师生和200多个社会团体的代表共5万人在上海北站举行隆重的欢送大会。会上，黄延芳、陶行知等在讲话中大声疾呼和平民主。学生代表陈震中、陈立复表示，反对内战是全市人民的强烈愿望，我们代表大家晋京请愿，不达目的誓不罢休。

但以蒋介石为首的国民党反动派决心逆历史潮流而动。当和平请愿团到达南京下关车站时，立即遭到国民党特务流氓的围殴，马叙伦、阎宝航、雷洁琼等人均被打伤，这就是骇人听闻的"下关惨案"。

惨案发生后，中国共产党、各民主党派、各社会团体纷纷发表声明，抗议国民党的法西斯暴行。中共代表周恩来、董必武、邓颖超等还专程赶往医院，慰问受伤代表，并说："你们的血是不会白流的。"人们从这次事件中进一步看清了蒋介石假和平、真内战，假民主、真独裁的反动面目，人心进一步倾向于中国共产党一边。躺在医院中的马叙伦拉着周恩来的手动情地说："中国的希望只能寄托在你们身上了。"

1946 年 6 月 26 日，蒋介石悍然命令国民党军大举进攻中原解放区，全面内战爆发。解放区广大青年在中国共产党的领导下积极行动起来，踊跃参军参战，配合人民解放军进行了英勇的自卫战争，相继粉碎了国民党军的全面进攻和重点进攻。国民党统治区的广大青年与各界群众一道，不畏高压，坚持战斗，不断掀起了反对美蒋反动派的民主斗争的新浪潮。

十 在第二条战线上战斗

 "美军滚出中国去！"

抗战胜利后，国民党政府为获取大批美援，以支撑其反革命内战，与美国政府签订了一系列不平等条约，大肆出卖中国主权。

1946年10月，国民党当局与美国成立所谓"中美商务仲裁会"，规定美国人在中国犯罪，须交美国"当局"裁判。为便于控制一些战略要地，蒋介石政府还允准数万美军驻扎在中国的一些重要港口和城市。11月，国民党政府与美国签订的《中美商约》，更使美帝国主义在中国取得了大量特权。

在不平等条约的掩护下，美国的势力渗透到中国的各个领域和部门，驻华美军更是以"占领者"的姿态在中国土地上耀武扬威，肆意横行，欺压中国人民。

据不完全统计，从1945年8月至1946年11月，在上海、南京、北平、天津、青岛等市，发生的美军暴行至少有3800起，中国人死伤者达3300人以上。从抗战胜利到1946年7月，不到一年时间，就有1000

多中国人惨死在美军的汽车轮下，有数百名中国妇女被美军强奸……

对于美军在中国土地上的累累暴行，国民党政府不但不敢处治，一些"党国要人"反而无耻地宣称美军驻华"顶好"，要以"醇酒"、"妇人"治疗"盟友"的"怀乡病"……

美帝国主义的胡作非为激起了中国人民的极大愤怒，随着美国援蒋打内战的升级，广大青年和各界群众的反美情绪日益高涨。

1946年12月24日晚，北京大学先修班女生沈崇，在东单操场附近被两名美国士兵强奸。26日，沈崇事件在报端披露后，郁积在广大青年学生心头的反美怒火，立刻像火山一样爆发了。当天，北大校园里就贴满了抗议美军暴行的壁报和标语。一个学生在诗中写道：对于美军的暴行，"凉血的才不愤怒，奴性的才不反抗"。他激愤地高呼："美军必须滚蛋！"

事件发生后，中共北平地下党组织决定利用这一有利时机，发动广大学生，开展反对美军暴行运动，给美蒋反动派以有力的回击。

26日下午，北大一部分女学生率先行动，召开会议，抗议美军暴行。接着，进步力量较强的历史系学生立即响应，于当晚倡议召开了全校各社团、各系级代表会议。会议以压倒多数通过了严惩暴徒及其主管长官、驻华美军当局公开道歉和美军立即退出中国等三项决议，还通过了《告全国同学和全国同胞书》、《告美国人民书》等，并成立了"北大学生抗议美军暴行筹备委员会"，负责领导全校的抗暴斗争。

燕京大学、清华大学等校的进步学生闻讯后，也都义愤填膺，准备与北大同学并肩战斗。

为了遏制学生的反美浪潮，国民党当局不惜对受害人大加造谣诬蔑，胡说沈崇"似非良家妇女"。一些特务还暗中张贴小字报，恶毒造谣说，沈崇事件是延安方面的"苦肉计"，"派八路女同志"来北平"引诱美兵成奸"等等。

进步学生经过对沈崇身世的详细调查，弄清沈崇是国民党政府交通部一个处长的女儿，和北大训导长、反动党棍陈雪屏还沾亲带故，彻底戳穿了特务的谎言。

29日，一批特务、三青团员又冒充学生，冲击北大系级代表大会，成立了所谓"正义联合会"，并捣毁了北大抗暴筹委会文书股的办公室，撕毁了进步学生的壁报、标语。

国民党特务的这些行径如同火上浇油，激怒了更多的青年学生。连一些平时不大过问政治的中间学生也拍案而起，纷纷要求行动起来，给反动派以回击。

鉴于广大师生要求上街游行的呼声越来越高，中共地下党组织决定因势利导，通过抗暴会联络各校，组织一次大规模抗议美军暴行的示威游行。30日凌晨，清华、燕京、北平师大、中法大学、朝阳、辅仁等校的进步学生均表示要参加这一行动。

30日上午，燕京、清华两校的学生冒着刺骨的寒风向西直门进发。他们巧妙地冲破军警的阻挠，进入西直门内，于下午1时许与中法、朝阳、师大等校的同学会师。下午 2 时许，这支 4000 多人的游行队伍高举着"抗议美军暴行大游行"的横幅，浩浩荡荡地经皇城根、东华门向王府井大街进发。在行进途中，铁道学院、汇文、育英、贝满等校的学生和一些市民也纷纷加入游行行列。

抗暴游行大军如铁流滚滚，不断壮大，到王府井时，已扩大到七八千人了。学生们一路高呼"抗议美军暴行"、"严惩肇事美军"、"美军撤出中国"、"维护主权独立"等口号，并向围观的群众发表讲演，散发宣传品。市民们纷纷呐喊助威。

下午 3 时，游行队伍来到"北平军调部"，几个学生翻越铁门，把"美军滚出去"的大标语贴在军调部的匾额上，震天动地的口号声吓得大楼里的美军胆战心惊，不敢走出大楼半步。

游行队伍到达东单后，在沈崇受辱的东单广场召开了抗议美军暴行群众大会，围观群众达 2 万多人。北大一位女同学以悲愤激越的心情朗诵了《给受难者》的诗篇。当她朗诵到"你代替四万万中国人民受难了"，"有良心的中国人起来呵，举起愤怒的复仇的投枪"时，全场响起了"美国兵滚蛋！"的怒吼声。同学们还用北伐战争时期流行的革命歌曲《打倒列强》的曲调，填写了新词，当场教唱。成千上万的人齐声唱道："退出中国，退出中国，美国兵，美国兵。赶快退出中国，赶快退出中国，滚出去，滚出去！"口号声、歌声汇成一股雄壮的反美抗暴的乐章，打破了十年来北平古城的沉寂。

北平学生的抗暴斗争得到中共中央的重视和关注。1946 年 12 月 31 日，中共中央发出指示，要求国民党统治区各地的党组织，应站在抗暴斗争的前列，在运动中"造成最广泛的阵容"，"采取理直气壮的攻势"，"使此运动向孤立美、蒋及反对美国殖民地化中国之途展开"。在各地党组织的领导和推动下，抗暴运动迅速在全国掀起。

从 12 月底到 1947 年 1 月初，天津、上海、南京、开封、重庆、成都、昆明、武汉、广州、杭州、苏州、青岛、济南、桂林等地的青年学生，相继举行抗议美军暴行、要求美军退出中国的爱国示威运动。各地参加抗议活动的学生多达 50 万人以上。北平、上海、南京等地的许多教授、学者、文化界知名人士也纷纷发表谈话，支持学生的爱国斗争。上海民主建国会、上海工商业促进会、重庆市商会等工商界爱国人士也相继发表声明，声援学生的爱国行动。

在这场斗争中，北平、上海、天津等地的学生还成立了学生抗暴联合会，后又在上海成立了全国学生抗暴联合总会，为新的全国学联的诞生奠定了基础。

抗议美军暴行运动沉重打击了美帝国主义和国民党反动派。在以青年学生为主体的各界人民斗争的压力下，美国军事当局被迫对沈崇事件的主犯皮尔逊进行了"审判"，并陆续撤退了驻扎在北平、天津、青岛等地的美军。

抗暴运动促进了国统区人民的进一步觉醒，帮助人们认清了美国干涉中国内政的活动同蒋介石的独裁统治及内战政策之间的内在联系，有力地促进了国统区人民爱国民主运动的发展，揭开了解放战争时期第二条战线斗争的序幕。

1947 年 1 月 9 日，延安《解放日报》在一篇社论中指出："从这一事件（指沈崇事件）发生到现在，中国青年一代又以坚强英勇的气概，写下了一页光芒万丈的史诗……这是中国青年继五四、五卅、一二九以后又一次轰轰烈烈的大运动，这也将和五四、五卅、一二九一样，作为一个先声，开辟中国历史的新页。"

 ## "反对饥饿，反对内战！"

1947 年，国民党在军事上连遭挫败的同时，其统治区内经济、政治上的危机也日益加深。广大青年学生及其他各界群众在中国共产党的领导和影响下，又掀起了一个更大规模的"反饥饿、反内战、反迫害"运动，把第二条战线的斗争推向高潮。

随着内战规模的扩大，国统区的财政经济急剧恶化，恶性通货膨胀和物价上涨把人民推向饥饿和死亡的边缘。据美联社报道，如以 100 法币为单位，1937 年可以买 2 头牛，1946 年只能买 1 个鸡蛋，1947 年只能买 1/3 盒火柴了。

严重的财政经济危机又引发了教育危机。由于教育经费被庞大的军费挤掉了，教育经费严重短绌。教师的实际工资和学生的生活水平急剧下降。国立大专学校公费生一天的菜金只能买两根半油条，营养不良的学生大批病倒。许多私立学校学生则因缴不起学费、膳宿费而被迫退学。教师因不能养家糊口走上自杀道路的也时有所闻。

与此同时，国民党反动派还加强了对爱国学生的镇压。1947年2月，在北平、天津、上海、重庆、昆明、广州等地，都发生了国民党军警围殴和逮捕学生的事件。国民党蒋介石的反动政策必然激起富有斗争传统的青年学生和各界群众的反抗。

为了促进国统区人民运动的发展，中共中央于1947年2月18日发出指示，指出党应"力求从为生存而斗争的基础上，建立反卖国、反内战、反独裁与反特务恐怖的广大阵线"。中共上海局根据中央的指示，决定从群众迫切要求解决的生活问题入手，因势利导，首先发动学生开展要求增加公费、救济清寒学生、保障学业等方面的斗争，再逐步发展到反对借外债、反对打内战的政治斗争，使经济斗争和政治斗争逐步结合，使分散的群众斗争汇成反美反蒋斗争的强大洪流。中共上海局和晋察冀中央局对学生运动均作了具体部署，决定首先在国民党首都南京发动，然后各地学生积极配合响应，掀起一个大规模的反饥饿、反内战运动。

中共的上述方针为国统区青年运动的高涨指明了方向。

5月初，各地大专院校的学生举行了纪念五四活动，利用各种形式进行反内战、反压迫、反卖国的社会宣传，同时开始酝酿反饥饿运动。

5月10日，南京中央大学学生伙食团贴出布告，指出物价飞涨，伙食已无法办下去了，广大学生闻之一片哗然。第二天，伙食团召开桌长会议，决定不管物价怎么涨，仍按1946年底的伙食标准开支，吃光了再说（俗称"吃光运动"），看政府如何办。又过了两三天，各系科代表大会议决，要求国民党政府增拨公费，并按物价上涨指数调整副食费，还宣布自5月13日起罢课，并呼吁平、津、沪、杭、汉等地的学校一致行动，也来一个"吃光运动"。

5月15日，中央大学、音乐学院、剧专等校的3000多名学生，高举着"我们要吃饭"、"炮弹？面包？"、"我们饿，上不得课"等标语、漫画，到教育部、行政院请愿。教育部长朱家骅和行政院副院长王云五面对学生提出的要求和诘难支吾其词，不敢作明确回答，先后伺机溜掉。愤怒的学生在行政院匾额上涂写了"民瘦炮肥"四个大字，还在大楼门口的柱子上写上了"朱门酒肉臭，路有冻死骨"的对联。一个学生在一扇大门上画了一幅大腹便便的胖官僚和骨瘦如柴的学生并肩而立的漫画，题词是："肚皮大大，中间装的什么？民脂民膏！"另一个学生则在大楼的高墙上留下了发人深思的诗句：

> 金樽美酒千人血，玉盘佳肴万姓膏。
> 烛泪落时民泪落，歌声高处怨声高。

戏专的学生发挥自己的特长，在行政院前演出了

《内战英雄》等活报剧，以生动诙谐的表演辛辣讽刺了热衷于打内战的反动派。学生齐声高唱《你这个坏东西》，表达了人民群众反对内战的强烈呼声。

这次请愿活动揭露了国民党统治集团剥削压迫人民不顾百姓死活的反动本质，引起了群众的共鸣。

与此同时，平、津、沪、苏、杭等地的学生也开始了反饥饿的斗争。5月9日，北大学生发出了"向饥饿宣战，向制造饥饿的人宣战"的战斗口号。17日，清华、北大均召开院系代表大会，议决把"反饥饿，反内战"作为斗争目标，并成立了反饥饿、反内战委员会，开始罢课斗争。上海、杭州、苏州、天津、武汉、重庆、昆明、西安等地的学生也纷纷响应，一场全国性的反饥饿、反内战运动即将来临。

为了压制学生运动的发展，国民党政府于5月18日颁布了《维持社会秩序临时办法》，严禁10人以上的请愿和一切罢工、罢课、游行示威，对所谓"违法"行为各地官吏可"采取紧急措施"。蒋介石还亲自出马发表讲话，对学生运动大加诬蔑，并扬言要对学生的爱国运动"采取断然之处理"。19日，上海数十所大专院校7000多学生欢送"沪杭区国立院校学生抢救教育危机晋京代表联合请愿团"，后又高举着"向炮口要饭吃"、"到南京去要饭吃"等标语举行了反饥饿、反内战大游行。

5月20日上午，京、沪、苏、杭地区16所专科以上学校6000多学生举行"抢救教育危机"联合大游行。这一天正好是四届三次国民参政会开幕的日子，学生们高呼"反对饥饿"、"反对内战"、"取消《维持社会秩序临时办法》"等口号，迈着坚毅的步伐，向国民参政会和国民政府进发。

10时50分，当游行队伍到达珠江路口时，突然遭到数百名军警宪特的野蛮阻拦。主席团交涉无效后，随即率游行队伍冲上前去，与军警英勇搏斗，突破了军警的几道人墙。这时，埋伏在路旁的军警特务手持木棒、铁棍、皮鞭冲杀上来，向手无寸铁的学生乱打猛抽，以高压水龙喷射学生。许多学生被打得头破血流，骨折筋伤。军警特务们边打边抓，有的学生被铐上手铐，拖上囚车。面对反动派的血腥镇压，学生们无所畏惧，英勇反击，队伍几次被冲散，又几次聚拢起来，终于冲过了军警的阻拦。

据统计，在这天游行中，学生受重伤者19人，轻伤90多人，被捕28人，爱国青年的鲜血染红了南京街头。这就是国民党反动派在南京制造的"五二〇"血案。

冲过防线后，部分学生整队继续向国民参政会前进，中午12时到达国府路（今长江路）上乘庵东街口，又遇到骑兵和宪警组成的五道封锁线的阻拦。双方僵持到下午2时，突然大雨滂沱，学生们手挽手，肩并肩，高唱《团结就是力量》，在暴风雨中屹然不动。许多市民送来茶水、毛巾，表示对学生的同情和声援。经主席团派代表与卫戍司令部参谋长卫持平和国民参政会秘书长邵力子谈判，国民党当局被迫接受惩办凶手、释放被捕学生、负担受伤学生医药费用、撤退五道防线、让学生队伍通过返校等要求。下午6时许，游行队伍高举战旗，高呼口号，按原定路线胜利返回学校。

就在这一天，北平、天津各大中学校的数千名学生也举行了反饥饿、反内战大游行，天津学生的游行也遭到国民党的镇压。

国民党反动派对学生爱国运动的疯狂镇压，激起了广大青年学生和各界群众的更强烈的反抗。

五二〇血案后，学生在斗争口号中加上"反迫害"一项。"反饥饿、反内战、反迫害"运动迅速扩展到沈阳、青岛、开封、西安、武汉、长沙、重庆、成都、昆明、福州、南昌、桂林等60多个大中城市。各民主党派、社会团体和爱国民主人士以各种形式支持和声援学生运动，谴责国民党政府的暴行，使国民党蒋介石在政治上进一步陷于孤立，连一些英美报纸也对国民党的武力镇压政策表示了不满。在社会舆论的压力下，国民党政府不得不释放了被捕学生。

五二〇运动促进了全国学生的大联合。5月下旬，各地在南京的学生代表在中央大学集会，成立了"京、沪、苏、杭四区专科以上学校学生联合会"，并发起筹组全国学联。6月中旬，在中共上海局的领导下，在上海秘密召开了全国学生代表会议，成立了全国学联。从此，学生的爱国运动又有了全国统一的领导机构。

五二〇运动是中国青年运动史上一页辉煌的篇章。它沉重打击了国民党蒋介石的反动统治，促进了革命转折的到来。

毛泽东对这次反饥饿、反内战运动给予了高度评价，指出："中国境内已有了两条战线，蒋介石进犯军和人民解放军的战争，这是第一条战线。现在又出现了第二条战线，这就是伟大的正义学生运动和蒋介石反动政府之间的尖锐斗争。"通过这一运动，"蒋介石及其走狗完全陷于孤立，蒋介石的狰狞面目暴露无遗。学生运动的高涨，不可避免地要促进整个人民运动的高涨"。

 ## "反对美国扶植日本！"

日本投降后，美军接管日本。为了把日本变成美国在远东地区的战略基地，美国政府不惜破坏《波茨坦公告》关于彻底废除日本武装的协定，在经济上、军事上大力扶植日本。如确定恢复日本高度工业水准，一再减少赔偿总额，保留巨额船舶吨位，扩充日警武力，保留飞机制造厂、飞机场及防空设备等。在政治方面则保留战争罪魁天皇，姑息战争要犯等。

在美国的扶植和纵容下，日本军国主义势力再度抬头。战后两年多，日本各地建立的法西斯团体竟达1260多个，仅东京就有250个。这些法西斯分子有时竟公然身着军装在市区行走，沿途演唱对联合国家作战时的军歌（即《特攻队之歌》），并袭杀民主团体领袖，迫害华侨，甚至叫嚣应"召集旧日本将校，大批派遣到中国，组织训练和统率中国政府军作战"。气焰极为嚣张。

　　日本军国主义势力的再次抬头，引起饱受日本侵略之苦的中国人民的深深忧虑和警觉。1948 年 4 月，宁、沪、平、津等地的各界民主人士 137 人联名发表《针对美国积极助日中国应有的对日政策》一文，揭露了在美国的庇护和扶植下，日本军国主义复活的事实，号召全国各界爱国人士，"迅速展开一个纠正美国对日错误政策，制止日本法西斯余孽抬头，保卫中华民族的爱国运动"。接着，中共中央在纪念五一劳动节口号中提出："全国工人阶级、全国人民团结起来，反对美帝国主义扶植日本侵略势力的复活！"

　　在中国共产党的领导下，一个以青年学生为主体，包括各界爱国人士参加的反对美国扶植日本军国主义势力的运动在全国各地迅速展开。

　　1948 年春，上海各校学生纷纷召开反对美国扶日讨论会、讲演会。5 月 4 日，上海学联为纪念五四发表《告同学书》，号召全市学生"纪念五四，要反对美帝国主义扶植日本法西斯，争取民族的独立解放！纪念五四，要反饥饿，反迫害，争取自由生存！"

　　当晚，上海全市 120 所学校的 1.5 万名学生在交通大学举行盛大的营火晚会。孟宪章教授应邀发表演说。他指出："美国扶日再起，首当其侵略之冲者，将仍然是我们中国。所以，反对美国扶日是事关我国民族命运和前途的大问题。"大会主席也激动地说："抗战结束还不到三年，日本军国主义又在美国扶植下蠢蠢欲动，战犯重新抬头，军火工业仍在发展。我们中华儿女决不允许侵略者卷土重来，践踏祖国的神圣领土。"会上成立了"上海市学生反对美帝扶植日本复兴抢救民族危机联合会"(简称"反扶日联"),并通电全国,开展反对美国扶植日本运动。会后,与会学生沿校园举行了示威游行。

5月19日,美国公布了所谓"特莱伯计划"。这个计划的实质是通过减少日本的战争赔偿,达到扶植日本财阀、复活日本军国主义的目的。这就更加激起了广大青年学生和各界人士的极大愤慨。

5月22日,上海100多所大中学校学生1.5万人在交通大学召开五二〇运动一周年纪念大会,并发起全市10万人大签名运动,反对美国扶植日本。在此期间,各校相继成立了"反扶日委员会",并通过座谈会、讲演会、展览会、街头演戏、唱革命歌曲等形式,进行了广泛的宣传抗议活动。

反美扶日运动迅速从校园走向社会,从上海发展到各地。

在南京,万余名大中学校学生于5月21日举行五二〇血案周年纪念大会,提出了"反美扶日、反卖国、反迫害"的口号,并于第二天举行了示威游行。

在北平,北大、清华、燕大、师院等校学生于30日聚集北大主广场,举行反对美帝扶植日本示威大会,天津南开、河北高工、北洋等校也派代表与会。会上成立了"华北学生反对美国扶植日本挽救民族危机联合会",并通过了致美国国务院、麦克阿瑟、世界学联及美国人民电,呼吁有关各方阻止日本法西斯再起。

青岛、厦门等地的学生也以各种方式举行了反美扶日斗争。

面对汹涌澎湃的反美扶日运动怒涛，美蒋当局极为恐慌。6月4日，美国驻华大使司徒雷登发表书面声明。他一面为美国的扶日政策百般狡辩，一面以"太上皇"的姿态对中国人民大加恐吓，说什么如果仍继续进行这一运动，"可能招致不幸之后果"，不仅损害中国的利益，"而且损害中国学生与知识分子的地位与名誉"。接着，国民党政府也发表一个声明，妄图遏止群众的反美扶日斗争。

司徒雷登的狂言不仅没有吓倒中国人民，反而遭到青年学生和各界爱国人士的同声谴责。6月6日，平津11所院校学生自治会发表抗议声明，表示"中国学生是威武不屈，富贵不能淫的"，任何阻挠与迫害，"都不能阻止我们的爱国行动"。北平各大学437名教师及文化界、上海妇女界、新闻出版界、实业界等各界爱国人士也纷纷发表声明和谈话，驳斥司徒雷登的谰言，反美扶日运动的政治影响愈加扩大。

6月5日，复旦、约大、光华、大夏、震旦、民治、女师、实华、建承等大中学校学生5000多人，冲破军警封锁，齐集外滩，在美国海军总部门前举行了反美扶日大示威，国民党当局进行了镇压，有50多人被逮捕。学生们唱着《团结就是力量》、《跌倒算什么》等歌曲，坚持斗争，直到深夜。

6月9日，北平各大学5000多名学生也举行了大规模示威游行，"反对美国扶植日本"、"中华民族独立万岁"的口号声再次震动北平古城。

此外，天津、武汉、南京、厦门、广州、福州、重庆、成都、昆明等地的学生和各界爱国人士也纷纷起来响应，整个国民党统治区共有50多万学生和各界爱国群众投入反美扶日斗争的洪流。

这次以青年学生为主体包括各界爱国人士参加的"反对美国扶日"运动，是国统区人民又一次大规模的民族民主斗争浪潮。它再一次沉重打击了美蒋反动派，体现了广大青年和其他爱国群众反对帝国主义侵略，维护中华民族独立与尊严的爱国主义精神，使美蒋反动派再次陷入严重的孤立。

以青年学生为主体的国统区人民在第二条战线上的英勇斗争，有力地配合了人民解放战争的胜利进行，加速了国民党反动统治的全面崩溃，为中国人民的解放事业立下了殊勋。

十一　迎接新时代的曙光

 ## 解放区青年运动的发展
和新民主主义青年团的成立

全面内战爆发以后，解放区的广大青年积极响应中共的号召，以实际行动投入保卫解放区的斗争，他们在土地改革、参战支前等项工作中，都发挥了出色的作用。

为了满足农民的土地要求，消灭封建的土地制度，并调动广大农民支援革命战争的积极性，各解放区自1946年下半年起，都相继开展了土地改革运动。

在土改运动中，广大贫苦青年始终站在斗争的前列。他们在斗争地主、清查土地、分配斗争胜利果实、维持社会治安等方面都起着非常重要的作用，保证了土地改革的顺利进行。

经过土地改革斗争的锻炼，广大农村青年的政治觉悟和组织程度进一步提高，许多青年参加了贫农团，不少青年还加入党团组织，参加了区、村的领导工作，成为党在农村基层政权中的骨干力量。

土地改革运动的开展，极大地激发了广大农民支援革命战争的积极性。各解放区的广大农民特别是青年群众，掀起了参军参战的热潮。

1946 年 7 月至 10 月的 4 个月中，各解放区共有 30 万翻身农民，为保卫土改果实、保卫家乡而参加人民解放军，其中绝大多数是青壮年。许多地方出现了"父母送子"、"妻子送郎"、"弟兄相争"的动人景象。广大农村青年成为人民军队源源不断的强大兵源。在三年多的解放战争中，仅华北解放区就有近百万农民青年参军，东北解放区有 160 万人参军。

没有参军的青年绝大部分参加了民兵和自卫队等群众武装，担负起配合主力部队作战、保卫地方治安、支援前线等任务。在全面内战爆发后的 4 个月中，仅晋冀鲁豫和苏皖解放区，民兵就增加到 300 万人，在华中解放区泰兴北宣家堡战斗中，仅参加担架队的农民就有 1.2 万多人，当地青壮年农民几乎全部参加了战斗。

据不完全统计，在解放战争时期，各解放区民兵参加大小战斗 11.4 万次，参加战斗的民兵达 228 万人次，歼灭敌人 20.4 万人，有力地配合了人民解放军的作战。

在支前工作中，广大青年农民更是踊跃争先。从 1946 年 7 月至 1948 年 9 月，山东农民组织了 580 万民工支前，冀中解放区动员了 480 多万人支前。在淮海战役中，有 225 万民工支前。他们挑着担子，推着小车，随军征战，把弹药、粮草源源不断地运往前线，许多青年民工宁肯自己忍饥挨饿，也决不动用一粒军粮，还有许多青年民工牺牲在支前的战场上。

以青年农民为主体的广大农民群众的无私支援，保证了人民解放战争的胜利。华东野战军司令员陈毅在谈到淮海战役胜利的原因时曾动情地说："淮海战役的胜利，是父老乡亲们用小车推出来的。"

解放区的团员和青年在生产劳动上也起着模范和骨干作用。广大农村青年不仅自己努力发展生产，还通过组织互助组、变工队等，帮助烈军属、困难户发展生产。据华北解放区定县 100 个团支部的调查，在青年团员的带动下，按照自愿互利的原则，组织了 234 个互组组，包括 1021 户农户。

解放区的青年工人，在"后方多流汗，前方少流血"的口号下，积极开展劳动竞赛，同老工人一道，争分夺秒地努力生产，提高产品数量和质量，保证了前线几百万大军所需物资的供给。

解放区的青年学生，除努力学好革命理论和文化知识外，也积极参加各项革命工作，支援革命战争。延安行知中学师生建立了前线医院，随军转战数千里。苏北盐阜师范的学生，成立了一支武装教导队，配合解放军打击敌人。华北大学、华北军大有成千上万的学生参加解放军和地方政府的工作。华东大学除向解放军输送大批人才外，许多学生还直接担任了运粮、抬担架等工作。哈尔滨、齐齐哈尔、佳木斯等地的学生，组织输血队为解放军伤员输血。还有成千上万的学生参加了农村土改、城市建设、文化教育工作。各地学生在动员群众支援革命战争、慰问部队、宣传胜利等方面，更是做了大量工作。

解放区广大青年学生在参加实际革命工作中，进一步走上了与工农群众相结合的道路，并逐步树立起为人民服务的革命人生观和世界观。

解放区广大青年还积极支援国民党统治区的青年运动，成为第二条战线斗争的坚强后盾。

人民解放战争的不断胜利和解放区青年运动的发展，为新民主主义青年团的普遍建立创造了条件。

全面内战爆发后，中共中央根据形势的发展，及时地提出了试建青年团的问题。此后建立青年团的试点工作在各解放区普遍展开。自1946年秋冬延安冯庄、丰足火柴厂和行知中学开展建立青年团试点工作以后，各解放区相继建立了一批青年团组织。这些青年团组织虽然名称不一，但都在本单位工作中发挥了青年突击队作用，促进了当地青年运动的发展，也为建立全国性的青年团组织提供了经验。

1949年1月1日，中共中央发出了《关于建立中国新民主主义青年团的决议》。决议指出，中国新民主主义青年团是在中国共产党的领导下，"坚决为新民主主义而斗争的先进青年们的群众性组织，是党团结与领导广大青年群众的核心，是党以马克思列宁主义教育青年的学校。它的任务，就是首先要团结和组织先进青年的积极分子，再经过这种青年积极分子的组织去团结和教育广大的青年群众，和中国人民一道，为了彻底推翻帝国主义、封建主义与官僚资本主义在中国的统治，为了建立新民主主义的中华人民共和国，为了全中国和全人类的彻底解放事业而奋斗到底，并在这种实践的奋斗中不断地教育中国的青年"。决议还规定了建团方针和方法步骤，并要求各中央局及各级党委都要重视这一工作，把建立全国性和各地方的新民主主义青年团作为当前青年运动的中心环节。

1月19日，中共中央发出《关于召开新民主主义青年团第一次全国代表大会及全国民主青年代表大会的通知》，定于1949年4月中旬召开中国新民主主义青年团第一次全国代表大会。

根据中共中央的决定，中国新民主主义青年团第一次全国代表大会于1949年4月11日至18日在北平召开。出席会议的青年代表共340人，代表了19万青年团员。

毛泽东为大会题词："同各界青年一起，领导他们，加强学习，发展生产。"

中共中央发了贺电，勉励青年团"在今后建设新中国的伟大工作中，必须团结全体爱国的劳动青年和知识青年，在青年中传播马列主义和毛泽东思想，并以突击队的精神率领青年，在党和国家的领导之下，勇敢地完成自己的任务"。

朱德、周恩来在大会上作了讲话，勉励新民主主义青年团要继承和发扬青年运动的光荣传统，在中国共产党的领导下，做团结教育广大青年的核心，做中国共产党在各项工作中的助手和后备军，并搞好团的作风建设。

中央书记处书记、中国新民主主义青年团筹委会主任任弼时，向大会作了《政治报告》。他总结了中国青年运动 30 年来的历史经验，号召广大团员青年在中国共产党的领导下，为建设新中国而努力奋斗。

筹委会副主任冯文彬、蒋南翔分别就青年团的任务与工作、青年团团章等问题作了报告。

大会通过了团的章程，选举产生了中国新民主主义青年团第一届中央委员会，任弼时任中国新民主主义青年团主席，冯文彬任团中央书记，廖承志、蒋南翔任副书记。

青年团"一大"的召开，标志着全国性新民主主义青年团的成立。从此，中国青年运动又有了自己的领导核心，并进入了一个崭新的历史发展阶段。

1949 年 5 月，在中共中央的关怀下，在北平召开了中华全国青年第一次代表大会。大会总结了中国青年在解放战争中的功绩，提出了中国青年今后的三大任务，选举产生了以廖承志为主席的中华全国民主青年联合总会。

在两次大会的鼓舞下，广大青年努力学习，积极工作，以饱满的热情迎接新时代的到来。

 国统区青年以战斗迎接解放

1948 年秋冬，人民解放军以秋风扫落叶之势，展开了空前规模的战略大决战，国民党军兵败如山倒，蒋介石反动统治的彻底覆灭已为时不远。在中国历史大转折的关头，国统区广大青年和各界群众积极准备以战斗迎接新中国的黎明。

1949年1月1日，日暮途穷的蒋介石发表元旦求和声明，企图在保存伪法统、伪宪法和反动军队等条件下，以进行"和谈"为名阻止人民解放军进军。

1月14日，毛泽东发表关于时局的声明，揭露了蒋介石求和的虚伪性，提出了惩办战犯、废除伪法统、废除伪宪法、改编一切反动军队等八项和平条件，沉重打击了蒋介石的假和平阴谋。

1月21日，蒋介石被迫宣布"引退"，由李宗仁任"代理总统"。李宗仁上台后，继续发动"和平"攻势。

为了配合中共同国民党的谈判斗争，上海、南京等地的学生开展了揭露假和平，争取真和平的群众运动。上海学联主办的《学生报》出版了"反对假和平，起来争取真和平"、"战犯介绍"和"要彻底全部实行八项和平条件"等专栏和特辑，宣传中国共产党的和平主张，揭露国民党的"和谈"阴谋。许多学校的地下党员和民青盟员还经常秘密收听延安电台的短波广播，把新华社的重要消息记录下来，印成小报，张贴在校园内，以人民解放战争不断胜利的消息鼓舞同学们的斗志，以中共的方针政策澄清一些人的模糊认识，揭露国民党的造谣和欺骗。

3月底，南京各校学生发起"争生存争和平"运动。4月1日，是南京政府和谈代表团赴北平的日子。这天上午，南京11所大专院校的6000多名学生举行大规模示威游行，学生们沿路高呼"求生存、反迫害"、"要求真和平，反对假和平"、"拥护中共八项和平条件"等口号，散发了大量传单、标语。反动军警残酷镇压游行学生，造成了3人死亡、100多人受伤的"四一"惨案。

事件发生后，全国各地学生和各界人士纷纷行动起来，抗议国民党反动派的暴行。

青年学生的鲜血教育了人们，使许多人放弃了对国民党的幻想，企盼新世界的来临。一位有30年党龄的老国民党员在给死难青年的唁电中说："你们为新中国的诞生流血，神圣的勇敢的催生血。鲜血照彻了黎明前的黑暗，照亮了前进的道路。"

辽沈战役后，国民党政府知平津等地将不可保，密令将北平、天津等地的重点院校南迁。清华、北大、南开、北洋等校的中共地下党员、民青及民联成员团结广大学生和教师，开展了护校、反南迁斗争。他们成立了护校委员会和纠察队，对学校的仪器设备、图书资料等详加调查，重点保卫，防止特务破坏。他们还积极宣传党的城市政策和知识分子政策，对教授做了大量思想工作，使其认清祖国的命运和自己的前途。经过进步学生的努力争取，北大、清华、南开等校的教授也都反对学校南迁，除极少数人外，绝大多数教授学者都拒绝了国民党的引诱，留下来迎接解放，使这些大学完整地回到人民手中。

临近解放前夕，保护工厂、学校、机关的斗争更加尖锐。为防止敌人撤退前的大破坏，南京、上海、武汉等地的广大青年,在地下党的领导下,利用反动派的"应变"口号,在工厂中组织了护厂委员会、工人纠察队等,在学校中组织应变委员会、宣传队、安全互助会等,开展以迎接解放为中心的护厂、护校斗争。上海有六七万青年工人和学生参加了地下党组织的人民保安队,成为保护公共设施、维持地方秩序、配合解放军进城的一支重要力量。

为了迎接解放,许多青年学生还多方搜集敌人的情报,秘密提供给人民解放军。

1949年春,南京、上海一些学校的学生,经常以"春游"的形式漫步郊外,哪里有碉堡,哪里有营房,哪里是重要的厂房、仓库、码头,他们都一一记下来。然后绘制成图,通过中共地下党转送给前线解放军。天津耀华中学学生曾常宁通过其父与一些军警要人的老关系,机智地搞到了《咸水沽兵力驻扎表》、《塘沽城防图》等绝密资料,为人民解放军解放天津、塘沽提供了极有价值的军事情报。

天津、上海等地的学生骨干还走出校门,通过各种途径,调查各大机关、企业的资产档案和人员编制情况,由地下党转送给人民解放军,为解放军接管这些城市做了重要的准备工作。

在解放天津、上海等地时,当解放军攻入市区后,许多青年学生和工人主动给解放军带路,为减少解放军的伤亡和尽快消灭国民党军作出了贡献。

为了加速解放战争的进程,一些青年学生还通过各种关系对国民党军政人员进行政治瓦解和争取工作。

通过写信、谈话等多种方式，劝告这些人不要再冥顽不化，而应顺应历史潮流，争取戴罪立功。平津解放前，天津耀华中学的曾常宁、刘杭生根据中共地下党的指示，动员其父曾延毅、刘厚同等做傅作义的工作。曾、刘利用与傅的特殊关系，对傅作义做了大量工作，劝说傅应顺应人民意愿，与蒋介石决裂，走和平的道路。在各种因素的促成下，傅作义将军接受了中共的和平条件，使古都北平获得和平解放。

中国青年在中国共产党的领导下，经过不屈不挠的英勇斗争，终于迎来了新时代的曙光。

1949年9月，中国人民政治协商会议在北平隆重召开，中国新民主主义青年团、中华全国民主青年联合总会、中华全国学生联合会作为党派和团体代表共派出36人出席了这一历史性盛会，与各界代表共商建立中华人民共和国的大计。青年团首席代表冯文彬、全国青联首席代表廖承志、全国学联首席代表谢邦定在会上先后发言，代表广大团员和青年对新政协的召开表示热烈的祝贺，对提交大会讨论的《中国人民政治协商会议共同纲领》等三个历史性文献表示完全拥护。他们表示，广大团员和青年将继承和发扬五四以来中国青年运动的光荣传统，在中国共产党和中央人民政府的领导下，始终不渝地忠于祖国，忠于人民，努力学习，积极工作，勇敢战斗，为中国的独立、民主、和平、统一和富强而奋斗到底。

会议经过热烈讨论，一致通过了被称为"中国人民大宪章"的《共同纲领》，选举产生了以毛泽东为主席的中华人民共和国中央人民政府委员会。

　　10月1日，首都北京30万军民齐集天安门广场，举行了隆重的开国大典。毛泽东主席宣读中央人民政府公告，庄严宣告："中华人民共和国中央人民政府已于本日成立了。"全国亿万青年和各族人民群众沉浸在前所未有的欢乐喜庆之中，他们为之奋斗数十年的目标终于实现了！他们仰望已久的历史新纪元终于开始了！全国亿万青年将和全国各族人民一道，在中国共产党的正确领导下，以崭新的战斗姿态投入新中国的建设事业，为中华民族的伟大复兴继续拼搏奋斗。

参考书目

1. 彭明著《五四运动史》，人民出版社，1998。

2. 任建树、张铨著《五卅运动简史》，上海人民出版
   社，1985。

3. 郑洸主编《中国青年运动六十年（1919～1979）》，
   中国青年出版社，1990。

4. 于学仁著《中国现代学生运动史长编》（上、下
   册），东北师范大学出版社，1988。

5. 北京大学历史系《北京大学学生运动史》编写组编
   《北京大学学生运动史（1919～1949）》，北京出版
   社，1988。

6. 张爱萍、肖华等著《青年运动回忆录》（第一集），
   中国青年出版社，1978。

7. 中国青年出版社编《在第二条战线上》，中国青年
   出版社，1980。

8. 团中央青运史研究室、中央档案馆编《中共中央青
   年运动文件选编》，中国青年出版社，1988。

9. 璞玉霍、徐爽迷著《党的白区斗争史话》，中共党
   史出版社，1991。

10. 中共北京市委党史资料征集委员会编《一二九运动》，中共党史资料出版社，1987。

《中国史话》总目录

系列名	序号	书名	作者
物化历史系列（28种）	25	陵寝史话	刘庆柱　李毓芳
	26	敦煌史话	杨宝玉
	27	孔庙史话	曲英杰
	28	甲骨文史话	张利军
	29	金文史话	杜　勇　周宝宏
	30	石器史话	李宗山
	31	石刻史话	赵　超
	32	古玉史话	卢兆荫
	33	青铜器史话	曹淑芹　殷玮璋
	34	简牍史话	王子今　赵宠亮
	35	陶瓷史话	谢端琚　马文宽
	36	玻璃器史话	安家瑶
	37	家具史话	李宗山
	38	文房四宝史话	李雪梅　安久亮
制度、名物与史事沿革系列（20种）	39	中国早期国家史话	王　和
	40	中华民族史话	陈琳国　陈　群
	41	官制史话	谢保成
	42	宰相史话	刘晖春
	43	监察史话	王　正
	44	科举史话	李尚英
	45	状元史话	宋元强
	46	学校史话	樊克政
	47	书院史话	樊克政
	48	赋役制度史话	徐东升

系列名	序号	书　名	作　者
制度、名物与史事沿革系列（20种）	49	军制史话	刘昭祥　王晓卫
	50	兵器史话	杨　毅　杨　泓
	51	名战史话	黄朴民
	52	屯田史话	张印栋
	53	商业史话	吴　慧
	54	货币史话	刘精诚　李祖德
	55	宫廷政治史话	任士英
	56	变法史话	王子今
	57	和亲史话	宋　超
	58	海疆开发史话	安　京
交通与交流系列（13种）	59	丝绸之路史话	孟凡人
	60	海上丝路史话	杜　瑜
	61	漕运史话	江太新　苏金玉
	62	驿道史话	王子今
	63	旅行史话	黄石林
	64	航海史话	王　杰　李宝民　王　莉
	65	交通工具史话	郑若葵
	66	中西交流史话	张国刚
	67	满汉文化交流史话	定宜庄
	68	汉藏文化交流史话	刘　忠
	69	蒙藏文化交流史话	丁守璞　杨恩洪
	70	中日文化交流史话	冯佐哲
	71	中国阿拉伯文化交流史话	宋　岘

系列名	序号	书　名	作　者
思想学术系列（21种）	72	文明起源史话	杜金鹏　焦天龙
	73	汉字史话	郭小武
	74	天文学史话	冯　时
	75	地理学史话	杜　瑜
	76	儒家史话	孙开泰
	77	法家史话	孙开泰
	78	兵家史话	王晓卫
	79	玄学史话	张齐明
	80	道教史话	王　卡
	81	佛教史话	魏道儒
	82	中国基督教史话	王美秀
	83	民间信仰史话	侯　杰
	84	训诂学史话	周信炎
	85	帛书史话	陈松长
	86	四书五经史话	黄鸿春
	87	史学史话	谢保成
	88	哲学史话	谷　方
	89	方志史话	卫家雄
	90	考古学史话	朱乃诚
	91	物理学史话	王　冰
	92	地图史话	朱玲玲

系列名	序号	书　名	作　者
文学艺术系列（8种）	93	书法史话	朱守道
	94	绘画史话	李福顺
	95	诗歌史话	陶文鹏
	96	散文史话	郑永晓
	97	音韵史话	张惠英
	98	戏曲史话	王卫民
	99	小说史话	周中明　吴家荣
	100	杂技史话	崔乐泉
社会风俗系列（13种）	101	宗族史话	冯尔康　阎爱民
	102	家庭史话	张国刚
	103	婚姻史话	张　涛　项永琴
	104	礼俗史话	王贵民
	105	节俗史话	韩养民　郭兴文
	106	饮食史话	王仁湘
	107	饮茶史话	王仁湘　杨焕新
	108	饮酒史话	袁立泽
	109	服饰史话	赵连赏
	110	体育史话	崔乐泉
	111	养生史话	罗时铭
	112	收藏史话	李雪梅
	113	丧葬史话	张捷夫

系列名	序号	书　名	作　者	
近代政治史系列（28种）	114	鸦片战争史话	朱谐汉	
	115	太平天国史话	张远鹏	
	116	洋务运动史话	丁贤俊	
	117	甲午战争史话	寇　伟	
	118	戊戌维新运动史话	刘悦斌	
	119	义和团史话	卞修跃	
	120	辛亥革命史话	张海鹏	邓红洲
	121	五四运动史话	常丕军	
	122	北洋政府史话	潘　荣	魏又行
	123	国民政府史话	郑则民	
	124	十年内战史话	贾　维	
	125	中华苏维埃史话	温　锐	刘　强
	126	西安事变史话	李义彬	
	127	抗日战争史话	荣维木	
	128	陕甘宁边区政府史话	刘东社	刘全娥
	129	解放战争史话	朱宗震	汪朝光
	130	革命根据地史话	马洪武	王明生
	131	中国人民解放军史话	荣维木	
	132	宪政史话	徐辉琪	付建成
	133	工人运动史话	唐玉良	高爱娣
	134	农民运动史话	方之光	龚　云
	135	青年运动史话	郭贵儒	
	136	妇女运动史话	刘　红	刘光永
	137	土地改革史话	董志凯	陈廷煊
	138	买办史话	潘君祥	顾柏荣
	139	四大家族史话	江绍贞	
	140	汪伪政权史话	闻少华	
	141	伪满洲国史话	齐福霖	

系列名	序号	书名	作者
近代经济生活系列（17种）	142	人口史话	姜涛
	143	禁烟史话	王宏斌
	144	海关史话	陈霞飞　蔡渭洲
	145	铁路史话	龚云
	146	矿业史话	纪辛
	147	航运史话	张后铨
	148	邮政史话	修晓波
	149	金融史话	陈争平
	150	通货膨胀史话	郑起东
	151	外债史话	陈争平
	152	商会史话	虞和平
	153	农业改进史话	章楷
	154	民族工业发展史话	徐建生
	155	灾荒史话	刘仰东　夏明方
	156	流民史话	池子华
	157	秘密社会史话	刘才赋
	158	旗人史话	刘小萌
近代中外关系系列（13种）	159	西洋器物传入中国史话	隋元芬
	160	中外不平等条约史话	李育民
	161	开埠史话	杜语
	162	教案史话	夏春涛
	163	中英关系史话	孙庆

系列名	序号	书 名	作 者
近代中外关系系列（13种）	164	中法关系史话	葛夫平
	165	中德关系史话	杜继东
	166	中日关系史话	王建朗
	167	中美关系史话	陶文钊
	168	中俄关系史话	薛衔天
	169	中苏关系史话	黄纪莲
	170	华侨史话	陈 民　任贵祥
	171	华工史话	董丛林
近代精神文化系列（18种）	172	政治思想史话	朱志敏
	173	伦理道德史话	马 勇
	174	启蒙思潮史话	彭平一
	175	三民主义史话	贺 渊
	176	社会主义思潮史话	张 武　张艳国　喻承久
	177	无政府主义思潮史话	汤庭芬
	178	教育史话	朱从兵
	179	大学史话	金以林
	180	留学史话	刘志强　张学继
	181	法制史话	李 力
	182	报刊史话	李仲明
	183	出版史话	刘俐娜
	184	科学技术史话	姜 超

系列名	序号	书名	作者
近代精神文化系列（18种）	185	翻译史话	王晓丹
	186	美术史话	龚产兴
	187	音乐史话	梁茂春
	188	电影史话	孙立峰
	189	话剧史话	梁淑安
近代区域文化系列（11种）	190	北京史话	果鸿孝
	191	上海史话	马学强　宋钻友
	192	天津史话	罗澍伟
	193	广州史话	张　磊　张　苹
	194	武汉史话	皮明庥　郑自来
	195	重庆史话	隗瀛涛　沈松平
	196	新疆史话	王建民
	197	西藏史话	徐志民
	198	香港史话	刘蜀永
	199	澳门史话	邓开颂　陆晓敏　杨仁飞
	200	台湾史话	程朝云